思想政治教育研究文库

# 大学生网络同辈群体思想政治教育研究

孙苓 著

光明日报出版社

图书在版编目（CIP）数据

大学生网络同辈群体思想政治教育研究 / 孙苓著. ——北京：光明日报出版社，2023.6
ISBN 978－7－5194－7305－1

Ⅰ.①大… Ⅱ.①孙… Ⅲ.①大学生—思想政治教育—研究—中国 Ⅳ.①G641

中国国家版本馆 CIP 数据核字（2023）第 105331 号

## 大学生网络同辈群体思想政治教育研究
DAXUESHENG WANGLUO TONGBEI QUNTI SIXIANG ZHENGZHI JIAOYU YANJIU

| 著　　者：孙　苓 | |
|---|---|
| 责任编辑：李　倩 | 责任校对：李壬杰　李佳莹 |
| 封面设计：中联华文 | 责任印制：曹　净 |

出版发行：光明日报出版社

地　　址：北京市西城区永安路 106 号，100050

电　　话：010-63169890（咨询），010-63131930（邮购）

传　　真：010-63131930

网　　址：http://book.gmw.cn

E - mail：gmrbcbs@gmw.cn

法律顾问：北京市兰台律师事务所龚柳方律师

印　　刷：三河市华东印刷有限公司

装　　订：三河市华东印刷有限公司

本书如有破损、缺页、装订错误，请与本社联系调换，电话：010-63131930

开　　本：170mm×240mm

字　　数：200 千字　　　　　　　　印　张：13.5

版　　次：2023 年 6 月第 1 版　　　　印　次：2023 年 6 月第 1 次印刷

书　　号：ISBN 978－7－5194－7305－1

定　　价：89.00 元

版权所有　　翻印必究

# 前　言

在互联网时代，网络空间的思想碰撞、舆论宣传、阵地争夺，已经成为大学生思想政治教育面临的重要挑战。大学生网络同辈群体作为大学生在网络空间生存的共同体，对大学生道德认知、求知途径、安全意识、价值观念等方面产生重要影响；它既是网络思想政治教育不可忽视的教育对象，又是网络思想政治教育的新生力量。因此，研究大学生网络同辈群体思想政治教育具有重要的理论意义和现实价值。

本书以马克思主义基本原理和方法为基础，综合运用网络思想政治教育学、传播学、社会学等相关理论和实证研究方法开展研究。首先，对"大学生网络同辈群体"的内涵进行了清晰界定，并将大学生网络同辈群体划分为不同类型，概括了大学生网络同辈群体的特征，提出大学生网络同辈群体思想政治教育的主要内容。其次，在理论研究的基础上，从五个方面调查分析了大学生网络同辈群体思想政治教育的影响因素；从四个维度考察评估了大学生网络同辈群体思想政治教育的效果。最后，将理论研究和实证研究相结合，归纳分析了大学生网络同辈群体思想政治教育存在教育者介入窘难、高校价值认知相对模糊、措施乏力等现实问题；针对现实问题，提出了"教育者积极介入—高校价值导向引领—主客体良性联动"的"三位一体"大学生网络同辈群体思想政治教育的改进对策。

本书创新之处在于：第一，结合网络同辈群体的虚拟性和特殊性，阐释了大学生网络同辈群体思想政治教育主要内容的基本要素。重点聚焦在政治观教育、道德观教育、人生观教育、学习观教育、生活观教育和网络安全观教育六个方面。第二，通过实证研究，确定了网络同辈群体、教育因素、学生行为参与、学生情感参与、学生认知参与五个方面，为大学生网络同辈群体思想政治教育效果影响因素；并从认知调控、行为调控、态度引导和思想引导四个维度，评价了大学生网络同辈群体思想政治教育效果。第三，以学理研究与数据支持为基础，提出了"三位一体"大学生网络同辈群体思想政治教育的改进对策。即教育者积极探寻大学生网络同辈群体思想政治教育的切入点、高校明确大学生网络同辈群体思想政治教育价值导向、教育主客体良性联动发挥大学生网络同辈群体思想政治教育的效能。

总之，通过对大学生网络同辈群体思想政治教育的研究，明确了大学生网络同辈群体思想政治教育必须以坚持价值观引领为首要，坚持教育理念、教育手段、话语体系创新。将主流价值思想观念以贴近学生思想实际的方式进行传播，以潜移默化的方式融入大学生网络同辈群体成员的心里，真正起到弘扬主流价值观、坚定大学生网络同辈群体"四个自信"、强化大学生自我教育的作用，进而取得大学生网络同辈群体思想政治教育的最佳效果。

# 目 录
## CONTENTS

前 言 ················································································· 1

**第一章 绪 论** ··································································· 1
 第一节 研究背景与意义 ················································· 2
 第二节 国内外相关研究综述 ········································· 10
 第三节 研究思路和方法 ··············································· 28

**第二章 大学生网络同辈群体思想政治教育概念阐释及理论依据** ······ 32
 第一节 概念阐释 ·························································· 32
 第二节 大学生网络同辈群体的主要类型及特征 ············ 38
 第三节 大学生网络同辈群体思想政治教育的理论依据 ···· 48

**第三章 大学生网络同辈群体思想政治教育的主要内容** ········· 68
 第一节 大学生网络同辈群体思想政治教育内容的确立依据 ········ 68
 第二节 大学生网络同辈群体思想政治教育内容的基本要求 ········ 74
 第三节 大学生网络同辈群体思想政治教育内容的基本要素 ········ 77

**第四章 大学生网络同辈群体思想政治教育影响因素及效果分析** ······ 90
 第一节 大学生网络同辈群体思想政治教育影响因素
     调查与分析 ····················································· 90

第二节　大学生网络同辈群体思想政治教育效果调查与分析 ………… 108

第三节　大学生网络同辈群体思想政治教育影响因素及

效果的基本结论 …………………………………………… 133

## 第五章　大学生网络同辈群体思想政治教育存在的问题及成因分析 …………………………………………………… 140

第一节　大学生网络同辈群体思想政治教育存在的问题 ……… 140

第二节　大学生网络同辈群体思想政治教育存在问题的

原因分析 …………………………………………………… 151

## 第六章　大学生网络同辈群体思想政治教育的改进对策 …………… 158

第一节　教育者积极探寻大学生网络同辈群体思想政治

教育的切入点 ……………………………………………… 158

第二节　高校明确大学生网络同辈群体思想政治教育的

价值导向 …………………………………………………… 166

第三节　教育主客体良性联动发挥大学生网络同辈群体

思想政治教育的效能 ……………………………………… 172

## 第七章　结论与展望 …………………………………………………… 181

第一节　结　论 …………………………………………………… 181

第二节　创新点 …………………………………………………… 182

第三节　展　望 …………………………………………………… 184

## 参考文献 …………………………………………………………………… 186

# 第一章

## 绪 论

青少年阶段是人生的"拔节孕穗期",最需要精心引导和栽培。① 当代大学生是伴随互联网快速发展而成长起来的一代,他们无人不网、无日不网、无处不网。根据 2022 年 8 月中国互联网络信息中心(CNNIC)发布的《第 50 次中国互联网络发展状况统计报告》指出:"截至 2022 年 8 月 31 日,中国网民规模达 10.51 亿②。互联网是一个社会信息大平台,亿万网民在上面获得信息、交流信息,这会对他们的求知途径、思维方式、价值观念产生重要影响,特别是会对他们对国家、对社会、对工作、对人生的看法产生重要影响。"③

网络是大学生思想政治教育重要的载体,网络思想政治教育成为新时代大学生思想政治教育的"战略高地",利用网络媒体的教育功能,凭借其无限性和自由性的技术优势,精准研判大学生网络同辈群体思想倾向和意趣,并加以积极引导和培育,进而影响其群体及群内成员,充分发挥其思想政治教育的独特优势,推进习近平新时代中国特色社会主义思想更好

---

① 习近平. 用新时代中国特色社会主义思想铸魂育人 贯彻党的教育方针落实立德树人根本任务[N]. 人民日报,2019-03-19(1).
② 中国互联网络信息中心(CNNIC). 第 50 次中国互联网络发展状况统计报告[R/OL]. 中国互联网络信息中心,2022:1.
③ 习近平. 在网络安全和信息化工作座谈会上的讲话[M]. 北京:人民出版社,2016:6.

地占领青年网络空间,有利于大学生网络同辈群体思想政治教育整体的规律研究和系统把握,是提高大学生思想政治教育实效性的重要课题。

## 第一节　研究背景与意义

有调查显示,影响青少年品德发展因素的结构程式,已经由"家庭、学校、同辈群体、大众传媒"变为"大众传媒、同辈群体、家庭、学校"。① 可见,同辈群体已经超越家庭和学校,成为影响青少年思想品德的第二影响源,而大众传媒变成了影响青少年品德的第一影响源。因此,"大众传媒"和"同辈群体"在大学生思想政治教育中的作用日益显著。此外,思想政治工作从根本上说是做人的工作,必须围绕学生、关照学生、服务学生,不断提高学生思想水平、政治觉悟、道德品质、文化素养,让学生成为德才兼备、全面发展的人才。② 从20世纪90年代中期开始,有学者倡导要在思想政治教育中用好先进的信息技术工具,充分利用网络信息传输的快捷性和广泛性,把网络空间发展成为思想政治教育新的物质载体。新一代大学生从思想意识形成之日始,就浸润在各种信息技术的包围之中,丰富多彩的网络世界不可避免地影响着大学生的学习、生活、娱乐、交往,改变着大学生的行为和思维,也在不断地解构和重构已有的网络群体,从而对大学生思想政治教育产生重大影响。因此,大学生网络同辈群体在思想政治教育中的作用日益凸显,成为值得研究的思想政治教育重要内容之一。

---

① 詹万生. 整体构建德育体系总论[M]. 北京:教育科学出版社,2001:409.
② 习近平. 把思想政治工作贯穿教育教学全过程 开创我国高等教育事业发展新局面[N]. 人民日报,2016-12-09(1).

## 一、研究背景

当代大学生作为新时代中国特色社会主义事业的建设者，他们的思想塑造和质量培养状况直接关系到国家的稳定和发展。在数字经济和信息技术飞速发展的当下，大学生网络同辈群体已成为大学生学习生活、社会交往的主要非正式群体，其思想政治教育工作理应得到充分重视。

### （一）党和国家重视大学生网络虚拟群体思想政治教育

大学生是国家的栋梁、社会的才俊、家庭的希望、祖国的未来。创新多种方式，寻找各种途径，提升大学生思想政治教育水平，提高教学内容的吸引力，丰富教育内容多样性，增强吸引力，保证大学生思想意识的正确导向，塑造正确的价值观，保证当代大学生的政治坚定和思想过硬，具有重大而深远的战略意义。

2004年颁布的16号文件明确提出："要高度重视大学生社区、学生公寓、网络虚拟群体等新型大学生组织的思想政治教育工作，发挥大学生自身的积极性和主动性，增强教育效果。"[①] 党的十八大以来，随着我国步入新时代中国特色社会主义建设期，党和国家更加重视大学生思想政治教育工作，各项新部署和新举措不断出台。2017年颁布的31号文件指出："要加强互联网思想政治工作载体建设，加强学生互动社区、主题教育网站、专业学术网站和'两微一端'建设，运用大学生喜欢的表达方式开展思想政治教育。"[②] 相关文件和政策是新时代加强网络思想政治教育的正确导引，为提升网络思想政治教育工作奠定了新起点，指明了新方向，提出了

---

① 中共中央，国务院. 关于进一步加强和改进大学生思想政治教育的意见（中发〔2004〕16号文件）[R/OL]. 2004.
② 中共中央，国务院. 关于加强和改进新形势下高校思想政治工作的意见（中发〔2017〕31号文件）[R/OL]. 2004.

新要求。班级、社团等组织,是大学生自我管理、自我教育、自我服务的主要的、常见的正式组织,也是大学生普遍都加入的组织;帮助大学生接受各项教育,包括思想政治教育在内等各方面都起到十分显著的作用。除了上述各种正式组织之外,同乡会、自组织社团、网络社区等大学生经常参加的非正式组织,是大学生求学过程中、学习之余有意愿参加的主要社会交往平台。这些对大学生的思想道德建设、价值观培养、社会行为模式塑造等,都起到了越来越重要的作用。

青年大学生是"两个一百年"奋斗目标的见证者、参与者和推动者,青年大学生的教育事关中国特色社会主义事业的战略问题,青年大学生的思想政治教育,事关党的事业发展、事关国家长治久安、事关高素质后备人才培养,对建设中国特色社会主义事业,实现中华民族伟大复兴的"中国梦"具有重要的意义。历史的责任和时代的重托需要我们重视发挥网络虚拟群体、"两微一端"等网络组织的作用,加强网络同辈群体研究。

(二)大学生网络同辈群体思想政治教育有利于促进青年大学生的全面发展

马克思主义认为:"私有制只有在个人得到全面发展的条件下才能消灭,因为现存的交往形式和生产力是全面的,所以只有全面发展的个人才可能占有它们,即才可能使他们变成自己的自由的生活活动。"[①] 全面发展的个人,不是自然的产物,而是历史的产物。列宁丰富和发展了马克思恩格斯的思想,他指出:"应该使培养、教育和训练现代青年的全部事业,成为培养青年的共产主义道德的事业。"[②] 毛泽东进一步发展了马克思恩格斯的思想、列宁主义关于人的全面发展和青年教育的思想,在《正确处理人民内部矛盾》中不仅提出了党的教育方针是"应该使受教育者在德育、

---

① 马克思,恩格斯. 马克思恩格斯全集:第4卷[M]. 北京:人民出版社,2002:544.
② 列宁. 列宁选集:第4卷[M]. 北京:人民出版社,1986:133.

智育、体育几方面都得到发展,成为有社会主义觉悟的有文化的劳动者"①,而且为高校学生思想政治教育的目标定位规定了具体内容:一是政治上要拥护六条政治标准,其中最主要的是拥护党的领导和走社会主义道路。二是要学习时事政策、马克思主义。三是要学会正确处理个人、集体、国家这三者之间的关系和民主与集中、自由与法律之间的关系。四是要树立艰苦奋斗、艰苦创业的精神。2011年4月25日,胡锦涛在清华大学百年校庆大会上讲话中指出:"青年是民族的希望、国家的未来,青年学生是国家的宝贵人才资源。"② 大学生作为祖国的宝贵人才,实现全面发展是思想政治教育的主要目标。

2014年5月4日,习近平总书记在北京大学师生座谈会上的讲话中指出:"当代大学生是可爱、可信、可贵、可为的","时间之河川流不息,每一代青年都有自己的际遇和机缘,都要在自己所处的时代条件下谋划人生、创造历史"③。2018年5月2日,习近平总书记在北京大学师生座谈会上的讲话中指出:"我先给一个明确答案,就是我们的教育要培养德智体美劳全面发展的社会主义建设者和接班人。"④ 2022年10月16日,习近平总书记在党的二十大报告中指出:"当代青年生逢其时,施展才干的舞台无比广阔,实现梦想的前景无比光明。"⑤ 大学生全面发展是时代发展的需要,是现代教育的必然要求,是培养新时代高素质人才的必然选择,高素质人才需要德智体全面发展,大学生思想政治教育是大学生品德和"三

---

① 毛泽东.毛泽东选集:第1卷[M].北京:人民出版社,1991:178.
② 胡锦涛.在庆祝清华大学建校100周年大会上的讲话[M].北京:人民出版社,2011:14.
③ 习近平.习近平谈治国理政[M].北京:外文出版社,2014:221.
④ 习近平.在北京大学师生座谈会上的讲话[M].北京:人民出版社,2018:8.
⑤ 习近平.高举中国特色社会主义伟大旗帜 为全面建设社会主义现代化国家而团结奋斗——在中国共产党第二十次全国代表大会上的报告[M].北京:人民出版社,2022:71.

观"塑造的重要途径。"00"后大学生伴随网络发展而成长,他们在学习、生活、交往中主动或被动参与到网络同辈群体中,这些群体与大学生正式组织一起,共同影响大学生思想政治教育的效果,是学生自我教育的重要力量。发挥这些大学生自我教育的力量,从多角度、多维度对大学生进行思想政治教育,以期达到大学生全面发展的最终目的。

## 二、研究意义

### (一)理论意义

首先,推动新时代思想政治教育理论创新。思想政治教育需要注入新的思想和研究方法,"网络同辈群体"是社会领域的概念与理论,将其与思想政治教育相结合,是思想政治教育发展的需要,是丰富思想政治教育内涵的必然要求。信息技术的快速发展为思想政治教育理论创新提供了坚实的物质保障,思想政治教育与信息技术、网络平台相结合为思想政治工作者提供了无限想象空间,以往无法完成的任务现在变得可能,新型网络媒介为思想政治教育工作提供了多渠道的理论传播媒介,可以使受教育者呈现几何级数增加,达到牵一发而动全身的效果。另一方面,技术的进步也会带来全新的挑战,如何克服网络技术所带来的负面影响,发挥其优势,也是思想政治教育理论创新所要面临的一个现实问题。解决新问题的过程必然也是创新的过程,大学生网络同辈群体思想政治教育融合了多领域、多学科的理论知识与实践方法,跨界理论创新特点明显,这必然给相关理论研究者提供了新的课题和新的机遇。

随着中国进入新时代,社会主要矛盾发生了巨大的变化,思想政治教育必须符合时代发展的特点,能够体现出思想政治教育的与时俱进。在我国全面建成小康社会之际,社会生产力获得进一步发展,经济空前繁荣,大学生的思想意识越来越复杂化,大学生的眼界更加宽广、兴趣更加广泛、思维更加活跃，这都对思想政治教育提出了更高的要求，原来传统思想政治教育模式已经不能完全适用网络信息时代大学生的新需求，需要更多教育手段的创新和应用，新型网络同辈群体思想政治教育的每一种新举措必然产生相应的理论创新。在这样一个沟通无限畅通的新时代，网络同辈群体对大学生思想政治教育所产生的影响，远远地超过了之前任何时期，教育机构和教育工作者应充分利用好各项信息技术和各种网络平台，结合主流思想政治教育工作中已取得的成绩，开拓思路、创新思维，利用网络同辈群体构建大学生思想政治教育的新型阵地，发挥大学生网络同辈群体思想政治教育的优势，多渠道、全方位为当代大学生接受思想政治教育提供良好条件，更好地完成党和国家所交付的意识形态塑造和主流价值观输送的新时代重托。因此，如何发挥好大学生网络同辈群体思想政治教育的独特作用，拓展思想政治教育的新阵地，既是时代发展的需要，也是信息技术飞速发展下思想政治教育不断进行理论创新的必然要求。

其次，丰富了新时代思想政治教育的研究成果。同辈群体是社会学领域重要的研究对象之一，同时也是思想政治教育环境论中的重要内容，是现代思想政治教育学的重要组成部分。网络同辈群体按照思想政治教育环境的影响范围划分，可以将网络同辈群体划归为思想政治教育的中观环境。结合现今国内外学者的研究成果，将同辈群体这一社会学概念与思想政治教育相结合进行研究，主要是从思想政治教育中观环境的视角进行研究，是不同学科的相互结合和交叉。人是环境的产物，人的思想形成和发展离不开环境的影响，网络同辈群体对大学生思想政治教育的影响主要表现为：影响大学生世界观、人生观、价值观和行为规范，影响大学生的兴趣爱好和情感需要的发展，影响大学生获得生活经验和社会信息，影响大学生社会角色、学习行为规范、环境适应能力和合作竞争的本领等。

思想政治教育包含的内容十分丰富，将网络同辈群体放在思想政教育环境下进行研究，力求填补之前相关研究的不足之处，主要包括：第一，阐述网络同辈群体思想政治教育的特点、作用、路径等，其理论研究方面成果较多，关于实践的研究十分少见，研究程度也相对较浅，缺乏相对深入的数理分析和调查研究。第二，思想政治教育作为马克思主义理论的重要组成部分，必然体现马克思主义的基本观点和理论基础，在以往的网络同辈群体思想政治教育研究中没有明确的体现马克思主义的基本原理，仅仅是作为思想政治教育的中观环境进行研究，缺乏必需的立论基础。第三，主要针对大学生社会化而展开，对大学生的道德教育、心理发展、学习观、安全意识等涉及思想政治教育方面的内容，研究相对较少。

由此可见，大学生网络同辈群体思想政治教育的影响内容广泛且日益显著，教育者需要用发展的眼光对待大学生网络同辈群体思想政治教育，利用好大学生网络同辈群体的多种优势，发挥出大学生网络同辈群体的正面导向性作用，积极开拓思想政治教育新思路，构建新时代大学生网络同辈群体思想政治教育的崭新机制。

最后，丰富马克思关于青年的观点和看法。青年的成长成才、奋斗理想在马克思和恩格斯的著作中没有系统而完整的论述。但是马克思和恩格斯的所有理论论述不可能把青年群体排除在外，马克思主义的基本理论和哲学原则同样适用于青年群体，无论是他们那个时代青年人还是当代的青年人。马克思和恩格斯也正是在他们青年时代开始了革命生涯，他们的理论就是青年人的理论，社会革命和生产力发展的最活跃，主要的力量也正是青年群体，早在马克思和恩格斯那个时代，青年群体已成为相对独立的现实革命力量。因此，马克思和恩格斯的革命学说必然能体现出青年群体的价值观、世界观和人生观，正是马克思主义普遍性和革命性的应有之义，值得进一步挖掘和研究。随着马克思主义的广泛传播，在马克思主义基本原理中国化的同时，也使中国青年树立了马克思主义世界观和方法论。马克思关于青年的观点和看法随着新时代中国特色社会主义建设的深入发展，将成为包括教育领域在内的相关工作的理论基础。

马克思和恩格斯在革命生涯过程中，一直关注科学技术对人类社会发展的革命性作用，在他们的著作中均提出关于科学技术进步的相关论述。在信息社会条件下，借助大学生网络同辈群体的平台，加强对马克思主义青年观的研究，深化对思想政治教育理论和实践发展，显得尤为必要。

（二）实践意义

思想政治教育作为一项社会实践活动，它具有一般社会实践活动的基本特征和价值取向，如何检验这项活动的效果，我们必须通过实践加以检验。思想政治教育的效果如何，是教育主体最为关心的目标之一。关心受教育者的"需求侧"是有的放矢地开展思想政治教育工作的基础和前提。大学生作为思想政治教育的受教育者，他们的教育需求能否被有效地满足，是检验思想政治教育工作成功与否的标准。随着大学生网络同辈群体活动的丰富发展，不断拓展思想政治教育的实践活动。

首先，有助于开创思想政治教育新途径。开展思想政治教育的最终目的就是要达到教育实施者的目标，经过多年的理论研究，思想政治教育领域已经积累了丰富的成果，但相对缺乏能够有效输出给当代大学生思想教育的非正式化网络渠道，大学生网络同辈群体为这种需求提供了宽广的供给渠道。信息技术的不断发展为思想政治教育提供了更多的可以选择的教育手段，在思想政治教育中，大学生网络同辈群体的地位愈发显得重要，所起到的作用也愈发显得明显，使思想政治教育的效果更加显著，是新时代条件下开辟的思想政治教育新途径。

其次，有助于增强思想政治教育的实效性。大学生网络同辈群体是自发产生的，以兴趣、爱好结合为显著特点，能够较好地凝聚广大青年大学生，它突破了专业、学科、时间、空间的限制，为大学生网络同辈群体思想政治教育提供了高效便利的平台。大学生网络同辈群体在"供给侧"方面为思想政治教育提供了高效的传播平台，平台中不断增加高质量的思想政治教育内容，加入高水平的思政工作者，优化思想政治教育资源，从数量增加，到质量提高，从总体上改善思想政治教育的实效性，有助于新时代思想政治教育事业高质量发展。

## 第二节 国内外相关研究综述

同辈群体作为社会学相关概念，在社会学领域研究比较广泛。将社会学知识与思想政治教育相结合，逐渐引起国内学者的关注。随着互联网的高速发展，大学生网络同辈群体也是国内研究的焦点之一。国外学者以社会学视角对同辈群体及相关研究起步较早，研究比较广泛，特别是实证研究方面成果较为突出。

### 一、国内相关研究综述

通过"中国知网"以"网络同辈群体"为关键词：在文献中，进行全文检索得到151条信息；进行主题检索得到59条信息；进行篇名检索得到3条信息。在期刊中，进行全文检索，得到56条信息；进行主题检索得到44条信息；以篇名检索得到2条信息。在硕博论文中，全文检索得到92条信息，主题检索得到14条信息，题名检索得到1条信息。见表1-1。

表 1-1　中国知网检索结果

| 关键词 | 文献 | | | 期刊 | | | 硕博论文 | | |
|---|---|---|---|---|---|---|---|---|---|
| | 全文检索 | 主题检索 | 篇名检索 | 全文检索 | 主题检索 | 篇名检索 | 全文检索 | 主题检索 | 篇名检索 |
| 网络同辈群体 | | | | | | | | | |
| 检索结果 | 151 | 59 | 3 | 56 | 44 | 2 | 92 | 14 | 1 |

注：以上信息截至 2022 年 9 月 30 日

通过"中国知网"以"同辈群体"为关键词，在文献中进行全文检索，得到 29343 条信息中，2001 年及以前的研究成果比较少见，2007 年之后逐渐形成规模。见图 1.1。

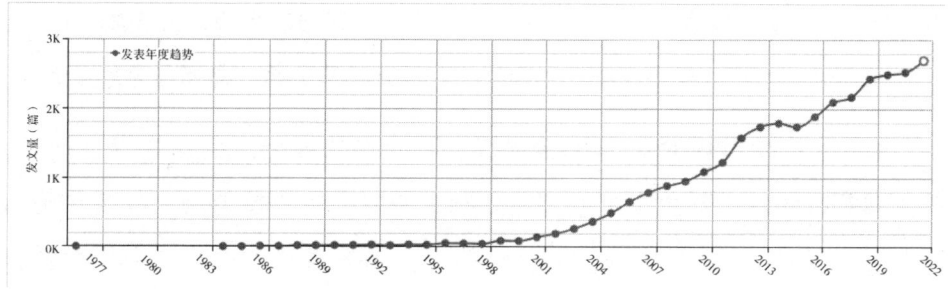

图 1.1　论文发表年度趋势

注：以上信息截至 2022 年 9 月 30 日

通过"读秀学术搜索"，以"网络同辈群体"为关键词：在知识中检索，得到 26 条信息。在图书中进行全字段检索，得到 77 条信息，进行书名检索，得到 0 条信息。在期刊中进行全字段检索，得到 215 条信息，进行标题检索得到 12 条信息。在学位论文中进行全字段检索，得到 317 条信息；进行标题检索都得到 5 条信息。在报纸中进行两种方式检索都得到 0 条信息。见表 1-2。

**表 1-2　读秀学术搜索检索情况**

| 关键词 | 知识 | 图书 | | 期刊 | | 学位论文 | | 报纸 |
|---|---|---|---|---|---|---|---|---|
| 网络同辈群体 | | 全字段 | 书名 | 全字段 | 标题 | 全字段 | 标题 | 全字段、标题 |
| 检索结果 | 26 | 77 | 0 | 215 | 12 | 317 | 5 | 0 |

注：以上信息截至 2022 年 9 月 30 日

从检索结果来看，学者对"网络同辈群体"的研究给予了一定的关注，形成了一定的规模，但还没有形成更高层次、更深程度的研究成果。尽管如此，学者的广泛研究仍是本文开展研究的宝贵借鉴和参考，给本文研究以很大的帮助和启迪。大学生同辈群体的特殊身份和活动空间，引起教育学和思想政治教育的重视，研究内容主要有以下几个方面：

（一）大学生同辈群体对大学生产生了广泛而深刻的影响，主要集中在学习观、职业观、心理健康教育、价值观、社会化及负面的犯罪行为等方面

第一，同辈群体对大学生学习观、职业观的影响。范伟强等（2015）在《同辈群体对大学生学习心理的影响——以南昌高校为例》一文中通过调查研究表明："大学生在认知、情绪、行为等各个方面会受到同辈群体的较大影响。大学生的认知水平还未完全发展成熟，认知上存在鲜明的模糊性特点，学习态度、学习动机、学习目标都会受到同辈群体的影响而调整"[①]。黄泽龙、卢静（2011）在《同辈群体对大学生学习心理影响的调查研究》[②]中指出，大学生意志不是很坚定，感情丰富，对外界敏感，情绪会因外界环境的变换而变得时高时低。在同辈群体中进行交往活动，群体成员之间志趣、意见相近、同声相应、同气相求，成员之间情绪互相易

---

[①] 范伟强，等. 同辈群体对大学生学习心理的影响——以南昌高校为例[J]. 经济研究导刊，2015（11）：76-78.

[②] 黄泽龙，卢静. 同辈群体对大学生学习心理影响的调查研究[J]. 西北医学教育，2011（6）：1237-1239.

感染，好的群体情绪会营造好的学习气氛，培养良好的学习习惯，学习态度会积极进取，激发出浓厚的学习兴趣并提高学习效率；反之，坏的群体情绪会恶化交往和学习氛围，阻碍学习效果，影响大学生正确学习观的确立，甚至消磨掉刻苦学习的意志。

另外，王兵、杨宝、冯子珈（2017）在《同群效应：同辈群体影响大学生创业意愿吗》一文中认为："通过陕西、重庆14所高校微观调查数据，分析了同辈群体对大学毕业生创业意愿的影响与机制。研究表明，同辈群体中有创业者，大学生创业意愿更高；与创业者关系越近，大学毕业生创业意愿更高；大学毕业五年前后结果都很显著，同辈群体效应主要通过榜样效应和知识溢出效应两种机制起作用"[①]。傅蓉（2008）在《同辈群体对大学生职业决策自我效能的影响》[②] 中指出，大学生步入社会进行求职时，同辈群体主要通过两种方式影响大学生对社会真实和准确的认知：一种方式是把同辈群体作为大学生个体直接的求职信息征询和发布沟通媒介，另一种方式是将同辈群体成功的求职案例提供给求职大学生，起到直接的示范作用。在同辈群体的帮助下，求职的大学生可以对社会有着清晰而真实的感知，并能获得相应的准确招聘信息，如招聘地点、职位需求、职位信息、单位信息和待遇信息等。同辈群体之间的信息交流可以有效地帮助刚踏入社会的大学生，提供给大学生有用的信息，指导大学生在社会上的行为规范，有利于其尽快融入社会，提高大学生对社会清晰的认知。但是我们也应该充分地认识到，同辈群体内部传播的信息相对单一，信息表达片面、不完整、不客观，有可能对大学生求职活动产生刻板印象。刻板印象的产生主要是因为同辈群体内的信息多样性不足，同质化严重，导

---

① 王兵，杨宝，冯子珈. 同群效应：同辈群体影响大学生创业意愿吗［J］. 科学学研究，2017（4）：593-599.
② 傅蓉. 同辈群体对大学生职业决策自我效能的影响［J］. 思想理论教育，2008（7）：78-82.

致大学生接收的信息单一，求职信息趋同单调。

第二，同辈群体对大学生价值观的影响。伍志燕（2011）在《同辈群体与当代大学生价值观的相关性研究——基于贵州六所高校的实证调查》① 中指出，同辈群体是当代大学生获得道德认知的重要渠道，影响当代大学生政治认同感和信任度，是当代大学生人际关系建立的重要纽带，是当代大学生职业定位的重要"信息源"，是当代大学生择偶的"最佳对象"。刘欣笸（2012）在《浅议同辈群体视域下大学生价值观教育》② 中阐述了大学生同辈群体积极影响主要有，影响大学生集体主义价值观的形成、群体健康亚文化对大学生价值观的形成产生积极影响、平等的地位有利于大学生人格健全发展；消极影响表现在，大学生同辈群体成员在同辈群体中的不利地位，影响其成员积极价值观的形成。

第三，同辈群体对大学生社会化的影响。此类研究是同辈群体研究中所占比例最高的，研究时间也相对较早，李颖（2005）在《关于同辈群体对大学生社会化影响的调查研究——对绍兴文理学院 1080 名学生"同辈群体"影响的调查》③ 一文中认为：一方面，同辈群体对大学生社会化有着积极的影响，能满足大学生情感交流需求和归属需求；有助于大学生学习进步和兴趣爱好的发展；有利于大学生交流生活感受和社会资讯；培养大学生对社会角色的认知和担当能力；帮助大学生树立团队合作意识，提高环境适应能力。另一方面，同辈群体对大学生社会化也存在着消极影响，同辈群体不良亚文化、价值观和行为倾向不利于大学生社会化进程。苏国红、吴静（2013）在《同辈群体对大学生爱情观教育的影响及对策研

---

① 伍志燕.同辈群体与当代大学生价值观的相关性研究——基于贵州六所高校的实证调查 [J].学校党建与思想教育，2011（7）：43-45.
② 刘欣笸.浅议同辈群体视域下大学生价值观教育 [J].湖北第二师范学院学报，2012（6）：53-55.
③ 李颖.关于同辈群体对大学生社会化影响的调查研究——对绍兴文理学院 1080 名学生"同辈群体"影响的调查 [J].广西教育学院学报，2005（5）：25-28.

究》中描述了同辈群体对大学生爱情观的影响:"爱情观教育是全方位开放式的,它不局限于一种教育者和教育方式,家庭、社会、网络、电视、同辈群体都会是爱情观传播和教育的媒介"①。金盛华、宋振韶(2000)在《当代青少年同辈交往的影响机制及其引导》中指出,"同辈交往的关系优劣反映出同辈交往的质量水平"②。同辈群体对大学生融入社会、情感交流、人际交往等方面都存在重要影响。

第四,同辈群体对大学生心理健康方面的影响。这类研究主要体现同辈群体对大学生心理健康起到的积极作用。陈素云(2012)在《论学校、家庭、同辈群体在大学生心理健康社会支持中的互构》中指出:"同辈群体是距离心理危机学生个体最近的人群,一般也是学生个体寻求社会支持的第一人选。无论是在发生危机前对学生个体信息的及时掌握,还是在危机处理过程中支持地提供,以及危机发生之后的一些善后工作,同辈群体在社会支持系统中都发挥着不可替代的作用"③。杨子珺(2012)在其发表的论文《如何利用"同辈帮扶法"维护大学生心理健康》④的主要观点有,高校开展心理咨询或心理辅导,通过培训和指导组成的具有心理咨询服务和教育功能的同辈群体,能够在大学生中开展心理知识普及、心理问题探讨、心理矛盾化解、心理危机干预、心理情感沟通等活动中,帮助同学解决日常遇到的实际情况和心理困扰,提高学生的自我管理能力,推动学生群体的互助、关怀、支持,实现学生"自助"成长的教育疏导模式。孙义(2009)在《论大学生同辈群体的心理互动》一文中认为:"学生同

---

① 苏国红,吴静. 同辈群体对大学生爱情观教育的影响及对策研究[J]. 安徽工业大学学报(社会科学版),2013(5):132-133.
② 金盛华,宋振韶. 当代青少年同辈交往的影响机制及其引导[J]. 北京师范大学学报(人文社会科学版),2000(5):102-108.
③ 陈素云. 论学校、家庭、同辈群体在大学生心理健康社会支持中的互构[J]. 学校党建与思想教育,2014(24):81-82.
④ 杨子珺. 如何利用"同辈帮扶法"维护大学生心理健康[J]. 科教导刊(上旬刊),2012(1):233-234.

辈群体主要是从一定程度上满足大学生的表意性需要,缓解心理上的紧张、不安状态,摆脱孤独感,还有寻求承认和尊重。"①

第五,同辈群体对大学生犯罪行为的影响。裴婷昊(2019)在《同辈群体对青少年失范行为的影响机制探究——基于Y县看守所的质性研究》中指出:"本研究发现,同辈群体对青少年的作用机制并非一成不变,反而往往与青少年自身特点相关:处于群体中心位置的人往往受情感左右,讲究兄弟义气;处于群体边缘位置的人则多是出于跟随大多数人的想法,做出某些失范行为。"② 许菊香、荣梅(2008)在《同辈群体环境对大学生违法犯罪的影响》中指出:"社会心理学理论指出,无形的群体压力会使群体中的个体在毫无知觉的情况下出现盲从,在认知、价值判断、信仰以及行为上,表现出与群体中多数人同一的行为倾向,这就是从众现象。当个体处在群体当中时,群体会对个人产生促进作用,使个人在群体中做出他单独时所不敢做的事情来,这种现象称为去个性化。在这两种心理作用下,个体会很容易模仿到一些不良习气,如攀比、懒惰、冷漠、高消费、享乐主义、不思进取、荒废学业等,这些都是侵袭思想道德的病毒,还会相互传染,许多大学生为了满足自身的虚荣心出现犯罪。"③

(二)大学生网络同辈群体与思想政治教育研究

第一,关于大学生网络同辈群体基本特征的研究。大学生网络同辈群体在空间上区别于现实同辈群体,具有同辈群体的一般特征,又具有其虚拟性。姚俊、张丽(2004)在《网络同辈群体与青少年社会化》④ 中总结

---

① 孙义.论大学生同辈群体的心理互动[J].江苏高教,2009(5):119-121.
② 裴婷昊.同辈群体对青少年失范行为的影响机制探究——基于Y县看守所的质性研究[J].青少年学刊,2019(6):24-27,38.
③ 许菊香,荣梅.同辈群体环境对大学生违法犯罪的影响[J].淮南职业技术学院学报,2008(2):31-33.
④ 姚俊,张丽.网络同辈群体与青少年社会化[J].当代青年研究,2004(4):24-27.

了大学生网络同辈群体的特征，主要有形成方式区别于传统群体、构成更加丰富、形成过程的自主性和选择性、共同的兴趣爱好是形成的唯一标准。王吉、刘讯飞（2006）在《网络中的虚拟同辈群体刍议》中①则认为，大学生网络同辈群体的特征是成员进出自由、维持群体结构的规范更隐蔽、群体文化更丰富更宽容。刘俊峰（2010）在《大学生同辈群体的发展与辅导员工作范式优化研究》中指出："以个体化关系网络为核心的大学生同辈群体具有虚拟性、专享性、独立性与开放性、组织性与灵活性等特点。"②

第二，关于大学生网络同辈群体产生作用的研究。从产生作用的内容上看，姚进凤、李志德（2009）在《大学生同辈群体的构成、影响与教育对策分析》③一文中从信息交流、人际交往和自我评价三个内容阐释网络同辈群体产生的作用。刘俊峰（2010）在《大学生同辈群体的发展与辅导员工作范式优化研究》中指出："网络虚拟空间中的大学生同辈群体活动，诸如网络舆情、网络聚会、网络游行等，都是对现实社会环境的一种真实的、连锁的反应，也必将直接或间接对现实社会产生一定的影响。"④ 从产生作用的结果上看，吴华（2008）在《网络中虚拟同辈群体刍议》⑤中提出，虚拟同辈群体存在的积极意义主要有，满足了获得归属感及交往的心理需要，帮助了青少年实现"社会位移"，丰富了人生经历，成了心理交流的平台；消极意义则是容易形成攀比危机，产生虚拟伦理认知冲突，出现虚拟社会化条件下的角色认同危机和深层次的孤独感。关于网络同辈群

---

① 王吉，刘训飞．网络中的虚拟同辈群体刍议［J］．边疆经济与文化，2006（4）：110-111.
② 刘俊峰．大学生同辈群体的发展与辅导员工作范式优化研究［J］．思想教育研究，2010（9）：98-101.
③ 姚进凤，李志德．大学生同辈群体的构成、影响与教育对策分析［J］．科技信息，2009（14）：62-63.
④ 刘俊峰．大学生同辈群体的发展与辅导员工作范式优化研究［J］．思想教育研究，2010（9）：98-101.
⑤ 吴华．网络中虚拟同辈群体刍议［J］．教书育人，2008（9）：46-47.

体产生的积极、消极作用方面,王吉、刘讯飞(2006)在《网络中的虚拟同辈群体刍议》一文中也提出了相似的观点。

第三,关于大学生网络同辈群体思想政治教育对策的研究。网络同辈群体对大学生思想政治教育产生了一定的影响,引发了教育者的重视与一系列思考。吴华(2008)在《网络中虚拟同辈群体刍议》[1]中针对虚拟同辈群体的消极作用,提出了对虚拟同辈群体开展思想政治教育的基本观点,他认为,尊重和重视网络同辈群体,家长和教育者不能放任自流;将网络同辈群体容易出现的问题,及时融入课堂,实现从虚拟到现实再到虚拟的认知过程;尽量为大学生创造良好的现实环境,让学生顺利健康成长。王吉、刘讯飞(2006)在其论文《网络中的虚拟同辈群体刍议》[2]中认为,关心网络同辈群体,发挥网络同辈群体的积极作用,走进虚拟同辈群体,研究、分析、利用同辈群体开展思想政治教育工作。

(三)与同辈群体相关的其他研究

第一,同辈群体与班级管理。宫必京(1994)在《班级和同辈群体的比较研究》一文中指出,班级是正式群体,同辈群体是非正式群体,在分析了班级和同辈群体的特征、构成要素和功能的基础上,指出:"在某种意义上,我们可以说,同辈群体在社会化进程中对学生的影响比班级更大更深远。因此,进一步深入地比较分析班级和同辈群体,有着理论和实践的意义"[3]。

第二,同辈群体压力方面的研究。当一个人在群体中与多数人的意见

---

[1] 吴华. 网络中虚拟同辈群体刍议 [J]. 教书育人, 2008 (9): 46-47.
[2] 王吉,刘训飞. 网络中的虚拟同辈群体刍议 [J]. 边疆经济与文化, 2006 (4): 110-111.
[3] 宫必京. 班级和同辈群体的比较研究 [J]. 南京师大学报(社会科学版), 1994 (3): 57-60.

有分歧时，会感到群体的压力。有时这种压力非常大，会迫使群体的成员违背自己的意愿产生完全相反的行为。社会心理学中把这种行为叫作"顺从"或"从众"（comformity），一些心理学家进一步分析了导致顺从现象产生的因素，其中包括环境因素和个性因素。从环境因素看，如果某群体的意见一贯比较一致，群体比较团结，或者群体气氛比较专制，那么，该群体的成员就容易在群体压力之下产生顺从行为。从个性因素看，如果一个人缺乏自信，情绪不稳定，在群体中经常要依赖别人，也比较容易产生顺从现象。武朝明（2009）在论文《论青少年同辈群体压力的引导》[①]中认为，同辈群体压力是无形的、经常的"强大的同辈群体压力的作用是双向的"，同辈群体压力既可以起到积极作用，也可以起到消极作用，并提出为了引导同辈群体压力发挥积极的作用"促进同辈群体的良性发展"的对策。

### （四）大学生网络同辈群体思想政治教育国内研究述评

第一，现有理论研究主要有以下三个方面的内容，为相关学者开展后续研究夯实了基础。一是关于同辈群体对大学生影响的相关研究，学者对同辈群体的研究已经形成了一定的规模，主要集中在对大学生学习观、职业观、心理健康教育、价值观、社会化及负面的犯罪行为等方面，研究表明，同辈群体作为大学生非正式群体，已经对大学生产生了重要的影响，这些研究内容的广泛性，为后续开展大学生网络同辈群体思想政治教育奠定了基础。二是关于大学生网络同辈群体的研究，主要是归纳、梳理了网络同辈群体的基本特征，并研究了网络同辈群体对大学生产生的积极或消极的作用，这些研究为后续的研究奠定了基础。三是关于大学生网络同辈

---

[①] 武朝明. 论青少年同辈群体压力的引导[J]. 学校党建与思想教育，2009（24）：89-90.

群体思想政治教育的研究，主要是重视网络同辈群体影响、作用的基础上，对大学生网络同辈群体开展思想政治教育工作，发挥网络同辈群体的积极作用，减弱其不良影响，使其在网络空间中发挥出最大的正面功能等方面，这部分研究相对较少，为本文今后的研究提供了思路指引。

第二，需要进一步深化大学生网络同辈群体思想政治教育的理论研究。当前的相关研究内容虽较为丰富，但也存在一些不足。一是大学生网络同辈群体与思想政治教育相结合，几乎没有涉及马克思主义相关理论，缺乏重要的立论支撑。二是大学生网络同辈群体思想政治教育理论研究相对不够全面、深入，对大学生网络同辈群体思想教育存在的现实问题分析相对片面，相应的对策研究也相对比较匮乏。三是大学生网络同辈群体思想政治教育随着互联网技术的进一步发展，对社会发展、大学生教育都具有重要的理论意义和现实意义，其诸多理论研究没有紧密结合新时代、新技术的现实状况，没有更好地体现出与时俱进的特点。

第三，需要进一步拓展、深化大学生网络同辈群体思想政治教育的实证研究。关于大学生网络同辈群体思想政治教育的实证研究起步较晚，研究内容尚待丰富。一是大学生网络同辈群体思想政治教育实证研究相关文献相对较少，在中国知网、读秀学术搜索的查询中发现，大学生同辈群体思想政治教育实证研究方面的论文仅有3篇，实证研究相对薄弱。二是研究方式比较单一，关于大学生同辈群体思想政治教育的实证研究，均是采取调查问卷的方法，在师生访谈、案例分析等方面几乎没有涉及，研究方法相对简单；另外，实证研究的思路、技术手段等，几乎都是停留在较为传统的思想政治教育角度，没有与网络发展相适应，进行及时的更新和创新。三是实证研究结论和数据相对粗浅，没有更好地对数据进行深入分析，仅罗列出相关数据比例和一般的调查结果，没有形成相应的数理分析和模型结构，不能够较为全面地涵盖大学生网络同辈群体思想政治教育的相关内容。

因此，国内学者对大学生网络同辈群体思想政治教育的理论与实证研究，为本书提供了前期的理论研究基础和实证研究思路。本书继续对大学生网络同辈群体的类型和特征进行归纳、总结，对大学生网络同辈群体思想政治教育的内容进行深入探讨，用科学方法和客观的数据开展实证研究，以此，探寻大学生网络同辈群体思想政治教育存在的主要问题，并提出相应的对策。

**二、国外相关研究综述**

人是集群性动物，人类生活在各种不同类型和规模的群体中，在某种意义上，离开了人群，人也失去了其意义。社会学中所称的"同辈群体"（peer group）是指由年龄和社会地位相近的人们通过经常的交往而形成的一种非正式群体。"大学生同辈群体"则是大学生社会活动的重要非正式群体。国外对同辈群体的研究开始时间较早，成果也较为丰富，值得学习和借鉴。以"peer group"为关键词可检索出相关论文3000余篇。另外，国外的相关跨学科研究也发展迅猛，已深入公共卫生与预防医学、临床医学等多个学科，并衍生出多个交叉学科主题。

（一）同辈群体对青年学业完成情况影响的研究

同辈群体对学生学习的影响，主要是从同辈群体对青年人积极影响的角度出发，是指青年人的学习动力来源于同辈群体的内部认可，而产生学习的动力，进而进行积极学习，这些学习是同学校教育相一致的学习，而不是顺应群体亚文化而反对学校的教育。霍兰和艾森哈特（Holland and

Eisenhart 1990）对两个大学中对同辈群体文化的学业情况进行了研究。①几年的时间里对 23 对女大学生进行了调查，对学业完成情况进行研究。这个研究是从身份形成和专业知识发展的过程角度来进行的。因此，霍兰和艾森哈特将同辈群体文化习得与女性的职业选择和美国的职业结构中普遍存在的社会性别等级的再生产联系在一起。在霍兰和艾森哈特的研究中，所涉及的同辈群体的文化使大学中的一些女生偏离官方的学校教育目标，重新确定自己的优先目标。长期以来，同辈群体的这种"破坏性"潜在力量，成为少数群体家庭孩子学校教育研究的主题。麦克德莫特（McDermott 1974）分析了一种相似的情况，即学业失败是同辈群体的目标。②麦克德莫特解释了黑人少数群体的孩子是如何不学习阅读以得到他们同伴的认同和尊重，他们的成功是学校的失败。波尔丁（Poldin 2016）等人在论文 How Social Ties Affect Peer-Group Effects 中研究发现，"同辈群体在学业成绩提升上对成员具有积极的作用，对成员成绩提升影响十分显著。同辈群体可以是不认识的人，也可以是认识的朋友。研究结果支持了同辈群体影响主要是通过学生之间的知识共享渠道来实现的观点"③。

（二）同辈群体对青少年越轨行为产生影响的研究

作为社会学的概念与理论，国外学者对"同辈群体"的研究经常集中于同辈群体对青少年越轨行为产生的影响，主要涉及吸毒、犯罪及同辈群体给青年人的压力（负面）。罗伦（Rohlen 1983）通过对 5 所高校的研究

---

① Holland D C, Eisenhart M. The Culture of romance. Women Resistance and Gender Relations on Campus [M]. University of Chicago Press. Chicago: Illinois, 1990: 89.
② McDermott R. Achieving school failure: An an-tropological approach to illiteracy and social stratification [J]. Education and cultural process: Toward an anthropology of education, 1974: 82-118.
③ Poldin O, Valeeva D, Yudkevich M. Which Peers Matter: How Social Ties Affect Peer-Group Effects [J]. Research in Higher Education, 2016, Vol. 57 (4): 448-468.

发现，日本的相关情况与美国几乎相反，年轻人的社会不是一个独立的世界，也没有对高校产生影响，年轻人的社会只存在于不需要为大学入学考试做准备的高校中。① 长年的学校学习和在家的长时间学习使同辈群体之间几乎没有什么互动的机会。的确，日本的学生家长和社会批评家抱怨考试剥夺了学生享受年轻的机会。采取实证研究的方法，调查同辈群体对青年人社会化的影响，并根据调查研究的结果，阐述同辈群体对青年人社会化的负面行为、危险行为有必然联系，建立积极的防御措施。汤姆（Tome 2017）等人研究了同辈群体和家庭对青少年行为的影响，指出"同伴群体的消极影响更多地与参与危险行为有关，而积极影响更多地与保护行为有关"②。

（三）同辈群体对学生价值取向影响的研究

同辈群体有"自己的语言、符号甚至价值观"③，增加了参与社会流动的机会。到 20 世纪 60 年代，科尔曼（Koleman 1960）通过对 10 个高校的研究发现，学校中存在一个由青年人组成的世界，学生"构成了一个小社会"，他认为"这些小社会有自己的语言、符号甚至价值观"④。霍林斯黑德（Hollingshead）于 1949 年提出了现代学校中的同辈群体问题，引起了学者们的广泛关注。霍林斯黑德发现，"埃尔蒙泰因的学生的生活是围

---

① Rohlen T. Japan's High Schools [M]. California: University of California press barker, 1983: 25.
② Tome G, Matos M, Simoes C, Diniz J A, Camacho I. How Can Peer Group Influence the Behavior of Adolescents: Explanatory Model [J]. Global Journal of Health Science, 2012, Vol. 4 (2): 26-35.
③ Coleman J. The Adolescent Society [M]. Chicago: The Social Z Life of the Teenager and its Impact on Education, 1961: 3.
④ Coleman J. The Adolescent Society [M]. Chicago: The Social Z Life of the Teenager and its Impact on Education, 1961: 3.

绕小团体和同辈群体的"①。衣服的样式、参与俱乐部活动和学校之间的体育活动、课程的选择和毕业后的愿望，所有这些都是受小团体的影响而形成的。吉布森和奥布（Gibson and Ogbu 1989）认为，在最近得到的关于 6 个不同社会的 10 个个案研究的资料中，有关解释方式存在着价值取向。奥布（Ogbu 1978）认为，"自愿型的少数群体认为他们是外来者，将周围环境解释为一种临时的状况，但是通过教育可以或多或少改变他们，对学校文化的顺从是将他们从主流的流动体系中排除出去的一种方式"②。这是因为他们所经历的历史重复了社会、政治和经济方面的障碍和文化与学识方面的蔑视。

（四）网络同辈群体研究概况

第一，研究的地区范围。在已有的材料中，美国、澳大利亚、日本、韩国等发达国家，均对网络同辈群体有所研究。研究视角主要以网络同辈群体的政治功能、社会影响方面居多，没有直接关乎意识形态教育方面的研究。

第二，研究的主要内容。一是关于网络对同辈群体政治参与产生的影响。昆特利尔（Quintelier 2012）等人指出："我们的研究结果显示，事实上年轻人多元化的社交网络使他们更有可能参与各种社会和政治活动。政治社会网络的多样性十分重要，在政治参与的积极影响和民族文化的影响方面，产生的作用是最大的。最重要的是我们发现了一个相互交叉滞后效应的因果关系。也就是说，政治参与增强了人们的网络多样性，多样性又刺激了政治参与（控制优先参与和多样性）。因此，我们的发现对建立其

---

① Hollingshead A B. Elms town's Youth [M]. New York: Houghton Mifflin, 1949: 91.
② Ogbu J U. Minority Education and Caste the American System in Cross-cultural Perspective [M]. New York: Academic Press, 1978: 76.

假设的社会网络文献大多相信社会网络塑造了政治行为，而不是相反"①。二是关于吸烟、吸毒、离家出走等负面行为的研究。亚历山大（Alexander M 2016）等人指出："网络特性与同辈群体是相互作用的，吸烟者特别是女性吸烟者，她们的吸烟行为尤其是由社会互动决定的，互动倾向与同辈群体的质量、交往的频率和网络密切度有关。网络结构对吸烟中同辈群体的影响从青春期晚期到成年早期的过渡期逐渐降低。"② 三是在青年人戒毒、治疗精神疾病、同辈评价等正面作用的研究也比较广泛。巴塔格里尼（Battaglini M 2002）等人指出，社会对自我控制的影响是同辈群体和青少年进行同伴互动的基础。③ 为了理解这些现象，我们分析观察彼此的行为如何影响个体处理自己冲动的能力。这些内生的信息溢出要么产生一个独特的"好消息"均衡，要么产生行为恶化的独特"坏消息"均衡，要么两者共存。分析显示，只有当人们对自己和他人抵御诱惑的能力有足够的信心时，他们才会发现社会交往是有价值的。

第三，研究方法。在国外的研究中，十分显著的特点是以实证研究为主，用量化研究的方式来阐述网络同辈群体的作用。相对于同辈群体主要集中于其负面影响研究，网络同辈群体的正负两方面影响研究均有涉及。麦克德莫特（McDermott 1974）分析学业失败是同辈群体的目标，他解释了黑人少数群体的孩子是如何不学习阅读以得到他们同伴的认同和尊重，

---

① Quintelier E, Stolle D, Harell A. Politics in Peer Groups: Exploring the Causal Relationship Between Network Diversity and Political Participation [J]. Political Research Quarterly, 2012, 65 (4): 868-881.

② Alexander M, Mikael R, Christofer E, Jens R. The Influence of Social Network Characteristics on Peer Clustering in Smoking: A Two-Wave Panel Study of 19- and 23-Year-Old Swedes [J]. Plos One, 2016 (10): 1-17.

③ Battaglini M, Roland B, Tirole J. Self-control in peer groups [J]. Jean Tirole, 2002, 123 (2): 105-134.

他们的成功是学校的失败。① 波尔丁（Poldin 2016）等人发现，"同辈群体在学业成绩提升上对成员具有积极的作用，对成员成绩提升影响十分显著。同辈群体可以是不认识的人，也可以是认识的朋友。研究结果支持了同辈群体影响主要是通过学生之间的知识共享渠道来实现的观点"②。如罗伦（Rohlen 1983）采取实证研究的方法，调查同辈群体对青年人社会化的影响，并根据调查研究的结果，阐述同辈群体对青年人社会化的负面行为、危险行为有必然联系，建立积极的防御措施。汤姆（Tome 2017）等人研究同辈群体和家庭对青少年行为的影响，指出"同伴群体的消极影响更多地与参与危险行为有关，而积极影响更多地与保护行为有关"③。

（五）国外同辈群体、大学生网络同辈群体的研究述评

第一，鲜有以马克思主义的原则和方法为基础开展相关研究。受政治立场和所处地域的限制，西方学者的相关研究成果具有典型的西方意识形态色彩，其价值立场具有天然的局限性。因此，如何既能尊重西方学者的现有研究成果，又能超越其意识形态的局限，以马克思主义的原则和方法开展大学生网络同辈群体研究尤为重要。

第二，实证研究占据主体，理论研究相对较少。国外研究受实用主义价值导向的影响，现有的研究以实证研究为主导。

一是在实证研究方面，在搜索到的外文文献中，研究同辈群体的文章，几乎都是在基础数据的支撑之下而完成的，内容涉及非常广泛，调查

---

① McDermott R. Achieving school failure: An an-tropological approach to illiteracy and social stratification [M]. New York: McGraw-Hill, Inc, 1974: 121.
② Poldin O, Valeeva D, Yudkevich M. Which Peers Matter: How Social Ties Affect Peer-Group Effects [J]. Research in Higher Education, 2016, Vol. 57 (4): 448-468.
③ Tome G, Matos M, Simoes C, Diniz J A, Camacho I. How Can Peer Group Influence the Behavior of Adolescents: Explanatory Model [J]. Global Journal of Health Science, 2012, Vol. 4 (2): 26-35.

的对象也比较广泛。在对青年人的负面研究中，学业的负面影响，价值观的负面冲击，以及许多越轨行为如吸烟、吸毒、吸食大麻、酗酒等，均通过一系列的数据调查进行实证研究来完成。用科学的方法和客观的数据来阐释同辈群体的不良影响，由此得到的调查结果和研究结论相对比较客观、合理，大量的实证研究为本书的撰写提供了研究的基本方法指引和数理支撑。国外对同辈群体、网络同辈群体的研究，实证性研究十分常见，也为本文实证研究提供了方法借鉴。

二是在理论研究方面，国外对同辈群体研究视角几乎都是站在负面的角度，认为同辈群体作为非正式组织绝大多数处于学校教育的对立面，对学生的性影响几乎都是负面的，是学校教育的失败。由此，大多数学者主要关注同辈群体对学生产生的消极影响。对大学生网络同辈群体研究视角涵盖正、负两个方面，认为网络同辈群体中的大学生可以是认识的，也可以是不认识的。在具体的网络参与中，网络同辈群体对群体内大学生会产生一些积极作用，特别在政治参与中积极作用十分显著，在负面影响方面与同辈群体研究基本一致。这些理论研究为本书的撰写提供了独特的视角参考。

第三，国外研究未将同辈群体研究与意识形态教育、公民教育相结合，现有研究较多停留在实务层面。综合看来，同辈群体、网络同辈群体之所以被放在负面的研究视角中进行研究，是因为在学校和社会化之间缺乏基本的纽带，即系统和显性的公民教育或意识形态教育。而青年同辈群体所形成的一些亚文化，可能恰恰是以反社会、反主流价值观的形态存在，如果没有专门的组织机构对青年群体进行适当的教育和引导，纠正和规避同辈群体的负面影响，必然会给国家和社会带来不可预料的后果，而这恰恰体现了"西方式自由主义"的内在困境。

## 第三节 研究思路和方法

### 一、研究思路

本书以大学生网络同辈群体为研究对象,按照大学生网络同辈群体思想政治教育的"理论研究——影响因素分析——存在问题及原因——改进对策"的总体思路,对大学生网络同辈群体思想政治教育进行系统的梳理与论证。具体来看,本书的第一章是对大学生同辈群体思想政治教育基本问题进行综述;第二章提出大学生网络同辈群体思想政治教育的概念,并论证理论依据;第三章是论述大学生网络同辈群体的主要内容;第四章是实证研究,对大学生网络同辈群体思想政治教育进行影响因素、效果分析,为大学生网络同辈群体思想政治教育提供数据支持,从而增强研究的科学性、客观性;第五章是对调查结果的分析和总结,对大学生网络同辈群体思想政治教育存在的问题及原因进行分析;第六章提出建设性的改进对策。本研究在总体上遵循由现实到理论再指导实践的逻辑顺序。从大学生网络同辈群体存在的实际问题出发,运用思想政治教育基本理论以及借鉴其他学科的理论进行研究分析,进而对大学生网络同辈群体及思想政治教育自身建设实践提出相关的对策建议。

研究技术路线图如下:

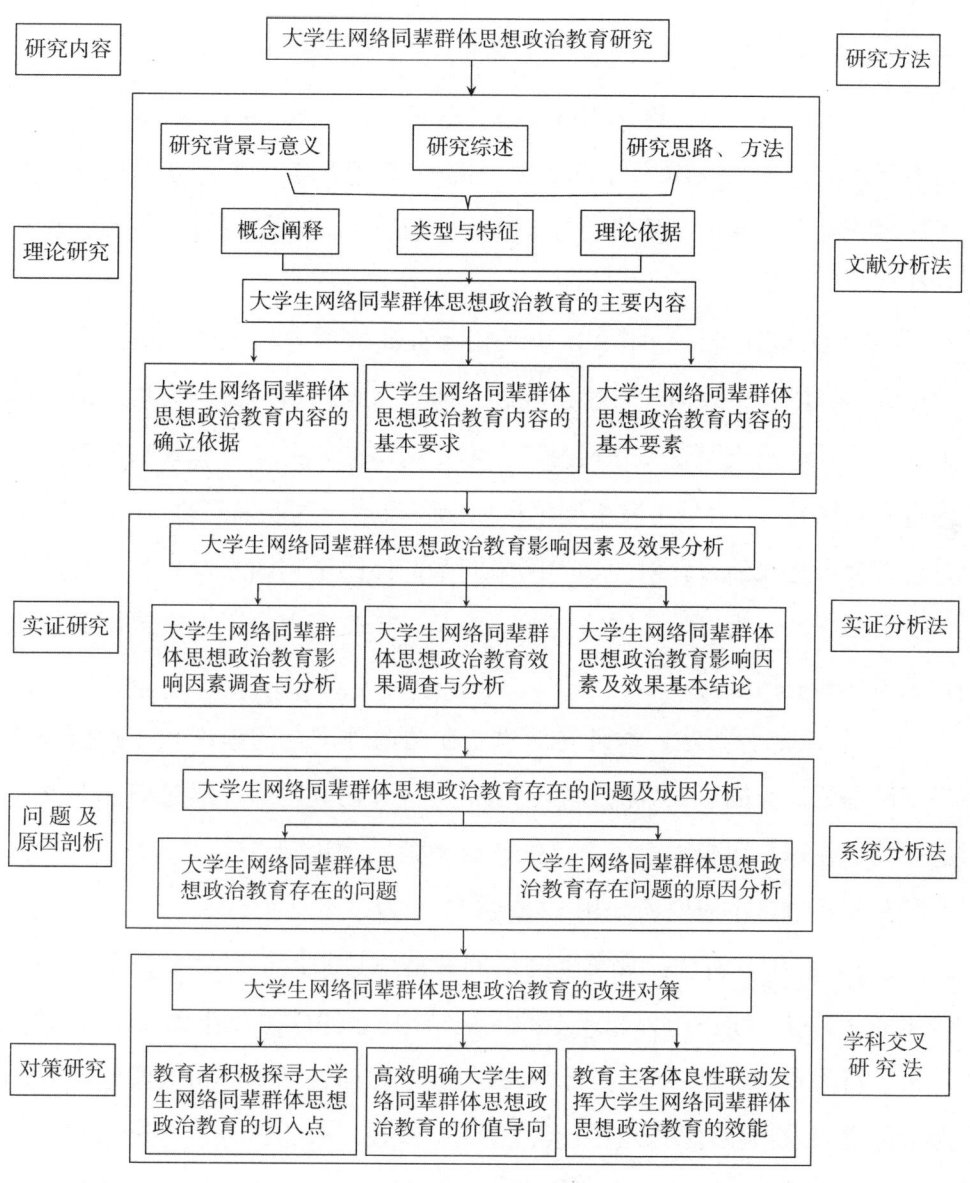

图 1.2 技术路线图

## 二、研究方法

大学生网络同辈群体思想政治教育在借鉴其他相关学科理论和研究方法的基础上，主要运用思想政治教育的研究范式进行理论建构和实践探索。兼顾研究广度和深度的同时，凸显思想政治教育研究的学科属性和独立性。

（一）实证研究法：本文主要采用实证研究的方法，针对当前大学生网络同辈群体思想政治教育这一问题，通过专家访谈、案例分析、抽样调查等环节设计调查问卷，分别为"大学生网络同辈群体思想政治教育影响因素调查问卷""大学生网络同辈群体思想政治教育效果问卷"，通过数据分析掌握思想政治教育对大学生网络同辈群体的影响因素及相互关系的第一手数据资料，为大学生网络同辈群体及思想政治教育工作模式转变提供相关指导和数据支持。

（二）文献分析法：本研究是建立在国内外丰富的理论和实践研究成果基础上的，查阅了大量的著作、学位论文和期刊论文。通过对相关文献的归纳、梳理、比较得出了自己的研究视角、理论观点和实践模式，因此文献分析法也是本研究所采用的重要研究方法。

（三）系统分析法：大学生网络同辈群体思想政治教育研究是一项系统研究，具有一定的边界和严谨的系统结构。其中从网络同辈群体、教育因素、行为参与、情感参与、认知参与五个方面，调查分析大学生网络同辈群体思想政治教育的影响因素；以认知调控、行为调控、态度引导和思想引导四个维度建构评价指标体系，考察评估大学生网络同辈群体思想政治教育的效果。各要素体系相互联系，彼此影响，系统构成要素与系统之间，整个系统与外部环境之间存在着能量的交换，因此本研究离不开系统分析法。

（四）学科交叉研究法：大学生网络同辈群体具有复杂性和层次性，探索对这一特殊群体进行思想政治教育的模式，不能仅仅局限于思想政治教育领域。任何一个学科和领域的研究都不可能是一种封闭式的研究，都要与相关学科进行交叉和联系。对于大学生网络同辈群体思想政治教育研究必然涉及社会学、心理学等领域，离不开社会学和心理学等相关研究方法的运用。

# 第二章

# 大学生网络同辈群体思想政治教育概念阐释及理论依据

理论基础是学科理论体系构建的基石,思想政治教育作为一门学科,有其赖以生存的理论基础。研究大学生网络同辈群体的思想政治教育问题,要以马克思主义理论为根本,科学界定相关核心概念,同时广泛借鉴传播学、心理学、社会学、教育学等学科的理论。

## 第一节 概念阐释

同辈群体作为社会学概念,已被学术界深入研究,并做了概念的相关界定,大学生网络同辈群体是以空间为划分的标准而界定的群体类型,既有同辈群体的基本内涵,又具有其特殊性。

### 一、同辈群体

(一) 非正式群体的内涵

人类天生是一种社会性生物,群体就是单个个体相互作用且有条件的特殊总和。① 非正式群体是人们由于社会交往的特殊情感需求，根据共同爱好，相似习性和一致心理期望等情感因素而形成的群体。在社会学领域，群体的概念最早是由美国社会学家库利（Cooley）提出的，其显著特点在于群体成员有着较紧密的心理联系并且彼此之间发生着交互作用。在企业管理领域，1924年美国哈佛大学的梅奥（Mayo）教授，通过闻名于世的霍桑实验首次提出了"非正式组织"的概念。后来，对"非正式组织"的研究不断扩展和深化至"非正式群体"的概念和理论。

非正式群体的特点是，它是人们在各项活动中自愿、自动、自发形成的，不用经过任何权威机关承认或者批准而形成的群体。非正式组织虽然不是由某个特定机关有目的的组建而是自发形成的，但是在这种群体中却存在着相对固定的核心人物或意见领袖，非正式组织进行各项活动必须遵守相同的道德标准和行为准则，而且群体成员拥有基本相同的理想信念和价值观。非正式群体不像正式群体那样拥有固定的人员编制、组织层级，也没有规范群体成员言行的严格规则和运行制度，不具有明确的群体宗旨和目标，也不拥有正规、确定和规范的外在形式，其群体成员往往拥有基于相近的价值观而产生的共同的情感和态度，非正式群体中领导者的地位是自发形成的，但对其成员却往往比正式群体的领导者具有更大的号召力和影响力。

在当前互联网环境下，网络用户会依托微信、QQ、微博等即时通信工具，因同学、朋友、同乡、娱乐、爱好、网络游戏、社团工作等关系形成各种各样的网络非正式群体。其中，依托贴吧、微博和社交 APP 等网络社交平台，通过共同关注某个公知、网络大 V 或意见领袖所形成的网络非正式群体尤为突出。此外，网络用户还会与不同性别、不同年龄、不同地域、不同专业、不同层次的人，形成范围更广、成员更复杂、成员（线下）互

---

① 周福. 群体思想政治教育研究［D］. 武汉：武汉理工大学，2016.

不认识等形式衍生的"非正式群体"。大学生因爱好、习惯、目的、需要、理念、利益和活动等因素，自愿聚合而形成的网络社交活动群体，是典型的"非正式群体"，其"成员之间是平等、互助、共情和共创的协作伙伴关系"。

(二) 同辈群体的内涵

同辈群体又被称为"同伴群体"或"同龄群体"，可被归类为首属群体或初级群体。美国社会学家戴维·波普诺（David Popenoe）在其著作《社会学》中，将同辈群体做了详细的解释，即"拥有相同的社会身份，社会阶层大致相同，观念相近并且通常处于同一年龄阶段的群体组织"[①]。同辈群体成员之间不一定具有紧密的关系，不一定相识相知很深，比如，足球运动的QQ兴趣群里的学生，尽管他们在情感上并不相互亲密，但却是同辈群体。在儿童时代，同辈群体的形成大部分都出于偶然因素。在7岁的时候，一个人的同辈群体，一般就是他的同班同学以及他的邻居家的同龄群体。成年人组建或选择加入同辈群体，一般根据自己的兴趣爱好、运动类型、专业背景、地域范围或社会地位去选择参加或组建特定的同辈群体，而并不囿于年龄等客观因素的限制。

不同学者对同辈群体的内涵理解不同，产生许多不同的观点。本书认为，同辈群体属于非正式群体，即与正式群体平行存在的一个群体。具体来说，是指由年龄、兴趣、爱好、地位相似的一群人所组成的人际关系比较密切的非正式群体。"群体成员会经常聚会碰面，进行沟通互动，他们在群体中的活动过程中会相互影响，互相熏陶。"[②]

---

[①] 戴维·波普诺.社会学：第十一版[M].北京：中国人民大学出版社，2008：173.谢继华.大数据视阈下高校网络思想政治教育创新研究[D].成都：电子科技大学，2018.

[②] 鲁洁.教育社会学[M].北京：人民教育出版社，2001：592.

## 二、大学生网络同辈群体

(一) 大学生同辈群体

目前，我国高校的运行与管理模式，包涵了正式群体和非正式群体两类群体。其中，正式群体是指班级、宿舍、党团等组织，从学生的角度理解，是"被动"形成的群体。在这些群体以外，因地域、喜好等原因，大学生们也"主动"组成了数量众多的非正式同辈群体。以同乡同辈群体为例，这类群体是学生以地域为参考标准自发形成的非正式群体，具有一定的自主性和灵活性。而本文所界定的"大学生同辈群体"，即是由那些地域文化、社会背景、兴趣爱好、价值理念等较为相似、相近、相同的大学生个体，聚合在一起所组成的具有相对亲密成员关系的非正式群体。

作为非正式群体，大学生同辈群体具有典型的非正式群体的基本特征，比如：群体是自由组成的，群体成员之间的凝聚力较牢固；成员之间具有平等的交往关系，成员对群体有较高的认同感；群体中既存在合作，也有竞争；虽然会有矛盾和冲突，但也能实现成员之间的有效沟通，可以维持较长时间的相互交往。大学生同辈群体往往有统一的群体宗旨和规则，并要求群体成员遵守群体中一些不成文的或成文的行为准则；群体有相应的组织结构，成员之间会有一些分工，相互协作完成一些任务；群体也会存在一个或几个核心人物作为"群主"来引领群体活动，在"群主"的领导下，群体成员共同行动完成预定的群体目标。在现实生活中，同辈群体已成为当代大学生主要的社交圈，群体成员之间平等相待、关系密切、交往形式多样、内容丰富，是大学生进行情感交流、信息互换和寻求支持帮助的主要载体，为丰富大学生校园文化活动和社会实践平台提供了有力支持，大学生同辈群体在大学生学习成长过程中起到了重要作用。

美国学者米德（Margaret Mead）认为："在并喻文化中，人们同时怀有一共同的愿望：即每一世代的成员其行为都应以他们的同辈人为准，特别是青春时期的伙伴们为准，他们的行为应该和自己的父母及祖父母的行为有所不同。个人如果能够成功地体现一种新的行为风范，那么他将会成为同代人的学习楷模"[①]。大学生在从家庭进入学校迈向社会的过程中，不断碰到的大多是同辈群体，如何有效融入同辈群体之中是摆在大学生面前的一个现实问题。大学生在不同的同辈群体中需要扮演不同的社会角色，这对大学生的心理素质和社会自立能力提出了挑战。大学生需要以积极的心态接纳、包容异己观点，遵从群体内的各项规则，尽可能地获得课程体系之外的知识和技能，并锻炼自己的才干，为完成学业和未来步入社会做好准备。

（二）大学生网络同辈群体

以活动空间为标准，大学生同辈群体可划分为现实同辈群体和网络同辈群体。关于大学生网络同辈群体的基本含义，有学者指出："青少年在网络社交媒介上会与通过多种渠道结识并与之进行交流互动的年龄相仿的人组成一个群体，他们会在这个群体中进行频繁交流互动，群体成员具有相似的价值观，相近的兴趣爱好，彼此之间在情感上能够相互支持，成员在群体中能够交流互换各种信息，由这些人组成的非正式群体称之为网络同辈群体"[②]。本文研究的大学生网络同辈群体是指兴趣、爱好、价值观等大体相同或相近的大学生，基于某些特定的目的，在互联网中开展频繁地信息互动和经验互换等行为而组成的一种非正式群体。

与现实同辈群体相比，大学生网络同辈群体最大的特点是基于网络技

---

[①] 米德. 文化与承诺［M］. 周晓虹，等，译. 石家庄：河北人民出版社，1988：51.
[②] 姚俊，张丽. 网络同辈群体：影响青少年社会化过程一个不容忽视的因素［J］. 青年探索，2004（2）：31–35.

术所建构的虚拟性、交互性、开放性等。群体成员的交流是在互联网络中开展和进行，群体中成员可以是现实中的认识的同学，也可以是陌生人；群体间的人际交流不是面对面，而是以互联网为中介；交流的语言不是口语而是网络符号或文字，没有身体语言；不是即时性语言，而是延迟语言。成员不是按照专业、年级、寝室等方式组合，而是以兴趣、爱好等方式主动组合在一起。因此，大学生网络同辈群体既具有同辈群体的基本特征，也具有网络虚拟群体的特殊性。

### 三、大学生网络同辈群体思想政治教育

在本书中，大学生网络同辈群体思想政治教育是指教育机构、教育者，以网络为媒介，用正确的政治理论、思想观念、道德规范，对大学生网络同辈群体（及成员）的思想进行有计划、有目的、有针对性的影响，从而塑造大学生网络同辈群体（及成员）正确的价值观，使大学生网络同辈群体符合社会（现实社会和网络虚拟社会）发展期望而开展的思想政治教育实践活动。本书中的教育机构主要是指研究机构、高校及拥有大学生的教育和科研单位；教育者主要是指开展大学生网络思想政治教育的工作者，包括专任教师、辅导员、思想政治理论课教师、高校管理人员以及参与网络思想政治教育的社会人员，其中意见领袖既是教育者的教育对象又是群体内成员的教育者，身份具有双重性。

对大学生网络同辈群体思想政治教育问题进行研究，研究重点是对大学生网络同辈群体进行思想政治教育，既要发挥教育机构和教育者主体性作用，又要发挥群体内网络意见领袖和核心人物进行群体自我教育的重要作用。教育机构、教育者和群体意见领袖和核心人物，通过影响群体成员的参与行为、情感认知和思想道德，完成思想政治教育所承担的教育任务。大学生网络同辈群体思想政治教育是传统教育和信息技术高度融合的

创新形式教育,既给教育机构和教育者提出了挑战,也提供了机遇,需要用全新的思维模式利用这一新型教育平台来推动思想政治教育工作深入更广阔的领域,使思想政治教育符合新时代信息技术环境下的总体要求和发展趋势。在信息技术飞速发展和以"互联网+创新"教育思路的新形势下,重视大学生网络同辈群体思想政治教育十分必要,做好大学生网络同辈群体思想政治教育工作迫在眉睫。

## 第二节 大学生网络同辈群体的主要类型及特征

大学生网络同辈群体是虚拟非正式群体,按照不同的分类标准,可分为不同的类型,不同类型的网络同辈群体之间也存在着联系。在网络生活中,青年学生可以寻找不同的群体,参与适合自身特定需要的群体。大学生网络同辈群体的主要特征是:虚拟性和平等性共存、自由性和开放性共生、渗透性和盲目性并行、同质性和约束性共在。

### 一、大学生网络同辈群体的主要类型

(一)按照形成动因进行划分

大学生网络同辈群体按照形成的动因划分,可以分为主动形成的网络同辈群体和被动形成的网络同辈群体。

第一,主动形成的网络同辈群体是指大学生根据自己的兴趣爱好,发自内心的因为喜爱某种活动,主动结成的网络群体。主动形成的网络同辈群体十分常见,如以音乐、美术、体育、游戏、学术研讨等兴趣爱好为内容,主动形成的兴趣型网络同辈群体。大学生主动加入这类群体,并在群

体中获得自己想要的乐趣和能力。同时，主动形成的网络同辈群体自由性较强，可以随时加入或退出。

第二，被动形成的网络同辈群体是指网络群体成员在客观条件主导下，按照个人意愿被动形成的网络同辈群体。以班级匿名群为例，群体负责人将班级学生拉入群中，群内成员仅有本班级的学生且均为匿名状态，没有教师及其他任何外来人员，学生可以以自愿的方式决定去留，群内成员可以自由发言，讨论学习、生活和消费等常规活动之余，也会发出吐槽、抱怨等负面言论。成员彼此之间无法辨别对方的身份，经常出现激烈的思想碰撞和指责评论等现象，群主面对群内讨论过于激烈将要无法控制的局面时，可以行使群内权限进行劝阻，若劝阻无效可以采取禁言甚至强行移除等手段。这类群体一般是由班级负责人或活跃分子组建，属于被动形成的网络同辈群体。

（二）按照发挥作用不同进行划分

根据同辈群体发挥的作用区分，大学生网络同辈群体分为积极型群体和消极型群体。

第一，积极型群体是指群体对成员产生积极、正面的影响的群体。一是对学校教育和知识学习的有益补充，促进学习和爱好的良好发展。群体成员间交往密切、频繁、真诚，成员可以从群体内得到课堂教育和书本知识以外的重要补充，在潜移默化中给予成员十分重要的影响。二是较好地满足个人情感的需求。大学生进入大学以后，离开家庭和父母，与朝夕相处的同学成了较为亲密的伙伴。在现实交往中，大学生会顾及性格、家庭、学习成绩等客观因素，无法完全且真实的释放情感。在虚拟网络中，成员交往打破了地域、学校、专业、性别等各种因素的困扰，成员间相互鼓励，情感自由释放，极大地满足了大学生内心的归属感。三是帮助大学生明确生活目标和端正价值观等方面的积极作用。成员间的平等沟通和交流，使成员间相互信任，自由交换意见和看法，更容易接受对方的影响，特别是在确立生活目标和价值观念方面，成员间的共鸣意见逐渐取代了父母的建议。网络同辈群在大学生学习、生活、情感、人际关系等方面，都起到了积极的作用，有利于大学生顺利完成学业、积极面对生活、开展良好的社交活动。

第二，消极型群体是指群体对成员产生消极影响的群体。一是对大学生行为规范的负面影响。群体内成员构成复杂，其影响有正有负。"近朱者赤，近墨者黑"，群体中一旦"黑"占了上风，群体中的消极学习态度、不良的行为习惯等现象就会成为成员模仿的内容。大学生认识能力不高，分辨能力不强，容易选择失误，做出不合乎法律社会规范和校规校纪的事情。二是对主流价值观的负面影响。假如大学生所处的同辈群体亚文化是消极、灰暗的，诸如享乐的人生观、不劳而获的物质观、亡命称霸的英雄观和江湖义气的友谊观等，都具有极大的诱惑力，极易为一些大学生所接受，对大学生的成长起到消极的影响。三是对大学生安全观的负面影响。网络世界与现实社会一样，都存在着威胁大学生生命安全和财产安全的违法组织和违法行为，大学生一旦不慎被网络中的黑恶势力和不法分子所诱惑，生命、财产安全就得不到保障。有些大学生为了满足其自身不合理的欲望，甚至参与违法组织，走上犯罪的道路。这类消极影响最为严重，必须及时掌握情况，对学生加以教育和劝导。

(三) 按照群体活动内容进行划分

按照群体活动内容划分，大学生网络同辈群体主要分为学习型群体、兴趣爱好型群体、娱乐型群体、情感型群体及违规型（越轨型）群体等。

第一，学习型群体主要是以学习为目的而结成的群体，群体成员主要由理论学习、技术攻坚等以学习应用为核心内容所自发组成的。这类学生大多数人对知识有强烈的渴求，对学习有浓厚的兴趣。他们对探索未知领域具有极强的好奇心，对学术研究有浓厚的热情，学生在群体里交流学习经验、共享学习资料、答难解疑等，以期共同提高。学习型群体一般具有积极向上的氛围、良好的学术风气，能够激发群体成员积极探索的精神。

第二，兴趣爱好型群体是大学生以文体、艺术、公益、技能等兴趣爱好为内容，自发形成的网络群体。群体成员都具有某种兴趣、爱好或特长，能够共同参加某一项活动，具有较强的群内规范性，学生参加这些群体活动，对丰富学生业余生活，促进同学友谊，增强学生身心健康，活跃校园文化都有积极意义。这类群体可以在网络中开展讨论、交流，在现实中开展相应的实践活动，网络沟通与现实活动相得益彰。

第三，娱乐型群体是大学生完全以娱乐为主题而自发形成的一类群体。这类群体最显著的特点是以网络为媒介的网络游戏、聊天、视频等娱乐活动。以游戏群体为例，很多大学生喜爱网络游戏，游戏中同一阵营的伙伴可以自发形成一个网络游戏群，这个游戏群的成员都是虚拟世界中的游戏伙伴，他们所有的交流都是在网络环境下为游戏而展开。适当开展休闲娱乐活动有益于大学生的身心健康发展，但如果不加以控制，个别大学生容易沉迷网络游戏无法自拔，严重时对其学习和生活产生负面影响。群体中的大学生适当地进行休闲娱乐活动与网络成瘾之间存在诸多的不确定因素，娱乐型群体是网络同辈群体中纪律性和可控性最弱的群体。

第四，情感型群体是大学生以情感为基础而自发形成的一类网络群体，其中，最有代表性的是同乡会群体。大学生进入高校以后，面对陌生的环境，需要适应新环境，也需要心理上的安慰，特别是异地上学的大学生，十分渴望能够寻找地域相同的、中学时期的校友，从而获得心理上的亲近感，进而更快地熟悉环境。高年级学生会根据毕业的城市或高中，建立微信群、QQ群，并在校园论坛、宣传栏等地，发布同乡会的相关网络联系信息。新入学的大学生会根据提示加入相应的同乡会，以获得同乡同学的帮助和交流。同乡会群体人员来源于相近或相同的地区、城市、学校，他们在生活习惯、语言表达等方面较为相似。加入同乡会，特别是新生能够得到高年级学生的经验指导和帮助，对他们入学适应、未来影响较为深刻。另外，还有以恋人关系、同性关系（兄弟、姐妹）等为核心建立的情感型网络群体。情感类群体以感情为基础，相对比较稳定，人员间关系比较密切，交流比较频繁。

第五，违规型（越轨型）群体是大学生学习目的不明确，学习动力不强，态度不端正，经常情绪低落、精神萎靡，不思进取而自发结成的一类网络群体。这类群体的成员甚至还会有不良嗜好、品行和行为不轨、违反校纪甚至违法犯罪。这类群体往往会对抗主流价值观和主流文化，产生负面影响和越轨行为。以校园"代课群"为例，个别大学生"雇用"其他人员（学生或社会人员）代理上课，并支付相应的费用。学生弄虚作假，严重影响教学秩序，产生恶劣的影响。对这类群体要防微杜渐，把负面影响消灭在萌芽之中。

## （四）按照大学生网络同辈群体愿景取向划分

主要分为：理想型群体、务实型群体、茫然型群体等。

第一，理想型群体是指大学生对未来充满希望，规划明确，立足现实而又积极、乐观的群体，群体内洋溢着快乐和对未来美好的憧憬，这类群体相对比较看重对未来的设计、规划和实施等。

第二，务实型群体是指大学生对当下事件十分重视，脚踏实地地干好现实中每一件事情。这类群体相对比较务实，对当下事件处理得非常及时，规划地相对详细。

第三，茫然型群体，是指大学生对当下和未来处于迷茫状态，既没有对未来的规划，也没有对当下的努力和认真态度，这类群体的学生，一部分是接受高等教育之前家庭规划、父母管制过于严苛，到大学后不知所措，处于玩乐享受的状态；也有一部分学生是遭受挫折后的消极反应，对现实和未来的事情都没有兴趣，处于十分迷茫的状态，这类群体是思想政治教育最需要关注的。

（五）按照群体存在时长划分的类型

大学生网络同辈群体按照群体存在的时间长短，可以分为长久型群体、短存型群体、临时型群体。

第一，长久型群体是指网络同辈群体建立后不会随着时间和空间的变化而消失。新成员继续加入，原成员可以自愿选择去留，群体内成员进行正常的更替和纳新，群体十分稳定，成员相对变换。这类群体主要是兴趣型、公益类、情感型群体居多，是我们研究的主要目标群体。

第二，短存型群体是指网络同辈群体具有一定的时效性、空间性，超过时限或空间限制，群体就自行解散不再存在，群体的功能也随着消失。这类群体主要是一些学习型、竞赛类群体等，群体伴随时间的变化或地点的变化将不复存在。这类群体主要是以任务或者爱好居多，时间或空间不满足群体存在的条件，群体也随之变化。

第三，临时型群体是指群体由突发的事件或紧急任务而临时建立的网络群体组织。群体成员复杂或来源广泛，为了同一个目标，建立网络群体。以防控"新冠"疫情期间居家学习为例，一些同学由于关心疫情发展并方便线上学习交流，建立了一些临时群体，讨论关于疫情的具体情况和防范措施。随着"疫情"趋于平缓和逐渐复工、复学，具体事件由网络交流转向了现实沟通，这些网络群体的学习、讨论也会随之消失。短存型和临时型网络同辈群体由于存在的时间较短,影响较少,不作为本研究的内容。

总之,对网络同辈群体划分的方式不同,群体的类型也不尽相同,群体的类型和内容不是一成不变的,也不是孤立存在的,群体间有普遍的联系,群体内的成员可以自由参与多个群体中,获取自己所需要的内容。

## 二、大学生网络同辈群体的主要特征

### (一)群体形成的自发性和开放性

自发性是指大学生网络同辈群体形成的过程十分自由,可以自由地加入或退出网络同辈群体。一个成员可以参与一个群体,也可以参与多个群体,这些群体的类型可以不同,发挥的作用也可以不同,成员自由选择,不像正式组织那样受各种规则的限制。在学校和社会组织中,人际一般要按正式规则进行,其言行会受到一定限制,有时不得不做违心的行为,接触不愿意接触的人。而在大学生网络同辈群体中,群体成员能够按自己的心意自由地选择交往对象,同时在交往中显示自己的价值,获取伙伴的鼓励、赏识。有些群体成员不愿意或不方便在正式群体中交流的议题,在网络同辈群体中可以自由讨论。例如,对某些政治问题、社会热点问题和个人问题,在这里都可以畅所欲言,无拘无束,不受限制,对大学生思想政治教育产生广泛而复杂的影响。

开放性是指大学生网络同辈群体不是封闭式群体,大多数群体对外界是完全开放的,对成员的身份和背景没有特殊要求。大学生网络同辈群体的形成具有自发性、偶然性、随意性和开放性,群体内没有十分规范的管理制度,除了群主之外,没有固定的"管理"人员,成员之间可以自由交流或交往,交流话题包罗万象,讨论题材没有特殊的限定。群体的这种开放性会促使加入成员的多样性，成员在群体内也会感到轻松、惬意，很容易结识和自己意趣相投的朋友，有助于扩大自己的交际圈，满足自己对兴趣爱好的追求。

（二）群体沟通的虚拟性和从众性

虚拟性是大学生网络同辈群体最显著的特征，是指大学生在群体里利用各种网络交流平台，在网络虚拟空间里和其他群体成员实现信息交流和情感分享。这种虚拟性，是其他普通同辈群体所不具备的，可以不用见面就能结交各种朋友，并在网上进行深入沟通交流，这些沟通的实现，无不是在网络环境下实现的。网络同辈群体是采取虚拟沟通方式实现交流，在网络对面实现交流的一个人或一群人可能是现实中认识的人，更多的是现实中不认识的人，这种虚拟沟通使大学生在群体中相对比较放松，无法看到沟通时候的表情和神态，这样使得平时一些性格内向的学生，能够在虚拟的空间中更加自如的沟通，大方的发表自己的看法和观点。相反，现实中一些活泼大方的人，在虚拟群体中可能是"看多说少"，虚拟网络群体呈现的成员的特点可能与现实保持一致，也可能与现实截然相反，这就是由虚拟网络的不可控性形成的。

从众性是指网络同辈群体在发展中，形成了一定的群体压力，成员的信念和心理倾向比较一致。主要表现为思想上的从众，相互间的思想情绪极易感染和趋同，以同乡群为例，成员们的思乡情绪很容易引发群内的共鸣，成员间会相互安慰，以转发家乡美景、新闻等方式，传递思乡之情。思想上的从众，比较容易产生一致的行为，或与同学结伴去吃家乡小吃，或与同乡相见等，缓解内心的情绪。

（三）群体影响的隐匿性和双面性

隐匿性是指以非正规的方式在群体间进行各种交往活动，在潜移默化中达成某种目标，是一种隐性的影响方式。在大学生网络同辈群体中，群体成员之间交流沟通频繁，互动密切，成员能够互相影响，对成员个体的情感养成有着显著意义。网络同辈群体在成员相互交往过程中会形成独具特色的价值观，这种网络同辈群体中诞生的价值观内容有可能完全符合主流价值体系，也可能并不完全相符合与主流价值体系甚至与之相抵触、相对立。网络同辈群体的价值观念和行为规范虽然不是一种强制性的道德规范体系，但会对群体成员产生潜移默化的影响，会逐步影响全体成员产生认同，认同的过程就是发挥渗透影响的过程。

双面性是指网络同辈群体对大学生的影响存在着两面性，既有积极的一面，也有消极的方面。在信息交流上，能够拓宽大学生获得信息的途径、扩大信息获得量，增加知识和经验，丰富人生阅历；但也容易使大学生接收到垃圾信息、负面信息，甚至是虚假信息；在人际交往上，能够扩大社交面，自由选择交往对象，满足自由交往的需要；同时也增加了大学生结交"损友"的机会，受到不良影响，导致人生偏离正确的方向。在心理健康上，可以使大学生得到自我实现的心理满足和朋友间的友情慰藉，也可能使大学生过度享受虚拟交流产生的独处的乐趣，久而久之产生社交恐惧症，容易形成孤僻症状。在自我评价上，有助于大学生通过群体活动实现自我价值，增强自我认同感；也有可能使大学生产生自高、自傲或自卑的感觉，导致过高或过低自我评价，脱离群体，最后变成自我孤立甚至形成人格分裂。因此，网络同辈群体对大学生的正面影响与负面影响并存。

（四）群体构成的同质性和平等性

同质性是指大学生网络同辈群体年龄、兴趣、学历层次、爱好和价值观等相同或相近。大学生因学业层次、学习程度、老乡亲情和生活环境等方面相同、相近而形成趋同的凝聚力，组成相应的大学生网络同辈群体。其他社会中的同辈群体，人员构成复杂，异质性较强，与大学生网络同辈群体有十分显著的区别。这种趋同性在新成立的大学生网络同辈群体中表现得最为明显，大学生初次接触，互相不太了解，只能靠年级、老乡、专业或兴趣等相同、相近的因素来寻找交往的对象。在互相交往过程中这种趋同性会进一步加强，成员就会越来越紧密地团结在一起，从而使群体成员之间在沟通交流的方式、交流的话语、习惯爱好，甚至价值观等方面都变得越来越趋同一致。大学生网络同辈群体的趋同性塑造了个体合群抱团的品质，提高了大学生适应社会的能力并营造了融洽的人际关系，有助于大学生的健康发展。但是，这种同质性也会导致群体眼界狭窄、思维单一、排外性加大，应该加以有效引导，避免对大学生的健康发展造成不良影响。

平等性是指大学生网络同辈群体成员都是同龄人，社会身份相同，他们处在平等位置上，相互之间没有领导和被领导、管理和被管理的关系。一般来说，每一个大学生网络同辈群体中都会有一个或几个群体管理者，这些管理者"地位"无任何特殊，他们品质突出、能力和专业背景较强，而被绝大多数群体成员共同推选出来引领群体。在大学生网络同辈群体中，群体成员都拥有平等的发言权和参加各项群体活动的自由和权利，遵循共同的群体规则，没有任何一名成员具有群体内"特权"。群体成员都可以按照自身的意愿去参加或从事自己喜爱的活动，并且都有相同的机会来发表自己的观点，提出自己的意见。这种平等的群体氛围会使成员有被尊重的感觉，群体有极大的向心力和凝聚力，很多大学生愿意加入这样的网络群体中，成员个人的观点得到认同、思想得到共鸣、行为得到赞扬，可以享受到极大的精神鼓励。

### (五) 群体功能的内聚性和约束性

内聚性是指网络同辈群体成员间共同语言较多、信任感和归属感较强，能形成较好的群内凝聚力。群体中一些核心人物和活跃分子"威望"较高，影响群体较为深厚，容易使成员"抱团"，形成较强的凝聚力，他们的作用，有时甚至会超过群主的影响力。以学习型群体为例，很多成员会分享个人心得体会和学习材料，为那些参加考试、竞赛或科研的成员提供帮助，并相互协作、一起钻研、共同解决问题，团结一致实现成员的学习目标。

约束性是指网络同辈群体成员一旦成为群体内固定的人员，就必须遵守群内的非正式性规则，约束其成员的行为和言论。虽然网络同辈群体形成相对自由、群内表达观点比较随性，退出群体也按照个人意愿行事，但所有的"自由"都必须是在"群内规则"的范围内进行。以游戏群为例，成员主要讨论游戏的内容和技巧等，对于一些成员散发广告信息、代购信息等，群主或核心人物会加以警示，成员对警示内容不加理睬，会遭到群内成员的集体"攻击"，最后被群主移出群体。网络同辈群体有自己的亚文化，这种亚文化是由群体的类型和作用所决定的，一旦成员违背亚文化，就会遭到群体的排斥，甚至清除，这是群体约束性的直接体现。

## 第三节　大学生网络同辈群体思想政治教育的理论依据

思想政治教育学科作为独立的二级学科，从整体学科理论体系组成上看，它包含若干新兴学科、复合学科、分支学科，如思想政治教育原理、思想政治教育方法论、思想政治教育发展史、比较思想政治教育、思想政治教育心理学、网络思想政治教育等。① 可见，大学生网络同辈群体思想政治教育是网络时代思想政治教育学的新拓展。而作为思想政治教育学一级学科的马克思主义理论，理应作为大学生网络同辈群体思想政治教育的理论基础与方法论指导。

**一、马克思主义人学理论**

人的本质、人的需要、人的价值、人的全面发展都属于马克思主义人学理论所研究的范畴，可以说马克思主义人学理论是最全面，最彻底的人学理论，它是以哲学的高度对人所做的一种全方位、多层次、范围广的考察。面对信息技术浪潮澎湃汹涌和新时代社会发展和变迁的新局面，新型大学生思想政治教育模式层出不穷，既面临思想政治教育发展的机遇，也遇到了创新发展的新挑战。在世界形势发展巨变和大学生对知识资源需求多元化和多样化的现实形势下，要想用先进思想武装大学生头脑，站稳大学生思想政治教育立场，坚定不移地保持教育工作的正确发展方向，就需要以马克思主义人学理论作为学科研究和实践的指导思想。

用马克思主义人学理论来指导大学生网络同辈群体思想政治教育，能够保持网络同辈群体思想政治教育的正确方向，能够保证大学生在网络同辈群体中不迷失政治方向，引导大学生树立正确的主流价值观；有利于大学生在校园学习期间和未来步入社会都能不忘初心，保持正确的信念。坚持马克思主义人学理论为指导思想，对科学指导大学生网络同辈群体思想政治教育工作具有重大而深远的意义。

（一）人的本质理论。马克思主义人学理论的核心是对人的本质的解释和论述。马克思在《关于费尔巴哈的提纲》中指出，人的本质是一切社

---

① 冯刚，郑永廷. 思想政治教育学科30年发展研究报告[M]. 北京：光明日报出版社，2014：15.

会关系的总和。他指出:"人的本质不是单个人所固有的抽象物,在其现实性上,它是一切社会关系的总和"①。社会关系不是一开始就存在的或者永恒不变的,它是人生产活动的产物,"人们还适应自己的生产力而生产出他们在其中生产呢子和麻布的社会关系"②。社会关系随着生产力的发展而改变,人的本质作为一切社会关系的总和也必然随着生产力的发展调整、变化。

人的本质是一切社会关系的总和,我们无时无刻都处于人类环境之中,社会的各种信息无时无刻不渗透到大学校园中来,要求教育工作者应当高度重视外界环境对大学生思想意识、道德品质和理想志向产生的影响。网络的高度发展是一把双刃剑,给大学生生活、学习带来便利的同时,也带来了西方资本主义的腐朽生活方式和价值观念。我们必须不断地优化网络环境,一方面,我们要优化网络大环境,让风清气正的正能量充满网络阵地;另一方面,还要注重密切关注大学生网络生活的小环境,充分发挥网络同辈群体的积极作用,自觉增强大学生对腐朽思想、反动思想、拜金思想、享乐思想、自私思想、落后思想的抵制能力,在"相对自由"的网络虚拟群体空间中感受个人价值并实现价值认同。

(二)人的需要理论。通过探究人类需要的根源和范围,马克思把人类需要分门别类做了划分,具体划分为自然需要、社会需要和精神需要。第一,自然需要是指对于维持人类能够正常生存的所必需衣、食、住、行等基本生理需求,这种需要是随着社会发展而不断变化的。进入新时代,社会主义的主要矛盾已经发生了显著的变化,大学生的自然需求当前基本上已经得到充分的满足,在全面建设小康社会的决胜时期,随着社会经济高速发展,各种社会保障措施不断完善,大学生的自然需要会得到越来越

---

① 马克思,恩格斯. 马克思恩格斯选集:第27卷[M]. 北京:人民出版社,1972:484.
② 编辑组. 马列著作选读(哲学)[M]. 北京:人民出版社,1988:444.

好的满足。第二，在马克思主义理论中，"社会需要即从社会生产和交换中产生的需要越是表现为必要的，现实财富的发展程度便越高"①。社会需要是人在从事生产和交换过程中所产生的对社会交往的需求，这是人在社会生活中最本质的需要，人组成社会就会产生对平等对待、相互尊重的需要，人参与社会政治、经济活动所产生的各种需要，都属于人的社会需要。大学生在求学中，需要平等的交往，需要尊重和爱，即社会需要远远高于自然需要。第三，马克思认为精神需要属于人最高层次的需要。马克思在《资本论》中指出，人类需要是多层次的，人除了要满足衣食住行这些低层次的自然需要，"工人必须有时间满足'精神需要和社会需要'"②，满足人的求真、向善和爱美的需要。对大学生进行真理教育、爱国主义教育和锤炼品德修养都是满足大学生精神需要。

随着人类社会不断向前发展，满足生理需求低层次的自然需要，在人类生活的总体需要中所占据的权重越来越小，人类对更高层次的社会需要和精神需要有着越来越高的诉求，只有人对三种需要都能得到有效满足，人才能获得幸福感，觉得生活顺心惬意，社会才能平稳发展。大学生在现实中基本可以满足自然需要，而社交的需要、情感的需要、交流的需要、娱乐的需要和实现自身价值的需要等社会需要和精神需要在虚拟网络中更容易实现，一方面我们要在网络中引导大学生积极参加各种社交群体活动，满足其对社交、交流和情感等方面的需要；另一方面我们也要创造条件让大学生在网络中发出"不一样"的声音，即大学生内心深处最渴望解决的关键性问题，思想政治教育才能够更有针对性和实效性。这样不仅可以使大学生满足社会需要，同时也能提高他们的精神层次和境界，满足他们的精神需求。

---

① 马克思，恩格斯. 马克思恩格斯全集：第30卷 [M]. 北京：人民出版社，1995：524.
② 马克思，恩格斯. 马克思恩格斯全集：第44卷 [M]. 北京：人民出版社，2001：69.

（三）人的价值理论。马克思认为人的价值可以分为自我价值和社会价值，两者相互联系和辩证统一。个人要有人生价值，首先要对生活在其中的社会做出相应的贡献，尽力奉献于所生活其间的社会是人生价值的具体体现。个人要努力学习科学知识，提升自身素质，完善自我品质，全面发展各种能力，谋求为社会做出更多的贡献，发挥出自身更多的价值去建设美好的社会和满足社会群体中其他人的需要。当然，个人正当需要的满足也不能被忽视，个人的发展和社会的发展是相辅相成，互相促进，紧密联系的，个人只有在促进社会发展，贡献出个人力量的过程中，才能获得自身的完善和发展，更好地自我实现，充分体现出自身价值。

把马克思主义中有关人的价值理论应用在大学生网络同辈群体思想政治教育中，就是要为同辈群体成员实现个体人生价值提供科学的理论依据，将实现自身的个人价值和社会价值相融合，实现自身个人价值和社会价值的相统一。一方面鼓励青年大学生珍惜美好新时代，承担中华民族伟大复兴中国梦的历史使命，这是大学生的社会价值的体现。同时也要鼓励大学生，兼顾国家利益和个人利益的相统一，把对国家的奉献和个人的命运紧密结合起来，实现自身最大的价值。

（四）人的全面发展理论。人的全面发展是共产主义运动追求的最终目标，是人类获得完全解放的必要前提，是马克思主义人学理论中的核心内容。人的全面发展首先在于人能力的全面发展，恩格斯认为，人的全面发展是"根据共产主义原则组织起来的社会，将使自己的成员能够全面发挥他们的得到全面发展的才能"[①]。其次是人的社会关系的全面丰富。社会关系定义了人的性质，社会关系规定了人的发展的边界，丰富的社会关系必然有效促进人的全面发展。最后是人的个性的全面发展。人所具有的代表其本身特征的特质、优点或长处组成了人的个性，人的个性全面发展提

---

① 马克思，恩格斯. 马克思恩格斯文集：第1卷［M］. 北京：人民出版社，2009：689.

升了人生命的深度和广度，使人生更有意义和价值，人的个性全面发展不仅体现出个体全面发展的可能性，而且也是人的全面发展的前提，会推动人类社会的发展进程。

进入新时代，重视培养大学生个人能力、积极拓展大学生社会关系、正确塑造大学生价值观是实现大学生全面发展的基础，也是大学生思想政治教育工作重要组成部分。网络同辈群体为大学生全面发展提供了崭新的空间和平台，在群体内，每个成员都是教育的主体，都能够积极主动参与到教育中来，有意识、有目的的影响他人，引导他人积极、健康有个性的发展。利用网络同辈群体发展大学生个性，要避免群体中负面消极个性的发展，使群体成员个性发展符合主流价值观的要求，教育大学生个性的发展顺应社会历史发展方向，使大学生网络同辈群体成为践行马克思主义人的全面发展理论的典范网络阵地。

## 二、网络思想政治教育理论

### （一）网络思想政治教育的规律

所谓的网络思想政治教育，是指一定阶级、政党、社会团体用一定的思想观念、政治观念和道德规范，通过现代传媒——计算机网络对其受众施加有目的、有计划有组织的影响，使他们形成符合一定社会、一定阶级所需要的思想品德的社会实践。[①] 大学生网络思想政治教育主要是各级教育管理部门和高校、教育者等主体运用互联网思维，通过互联网平台和融媒体技术，有目的、有计划、有组织地对大学生思想观念、政治观点、道

---

① 曾令辉，等．网络思想政治教育概论［M］．南宁：广西民族出版社，2002：1．

德规范和信息素养教育等方面施加影响的实践活动。① 可见，网络思想政治教育是以互联网为现实载体，对网络用户进行思想政治教育的活动。规律是事物本质的、必然的联系，对于网络思想政治教育学的规律的探究要立足于网络思想政治教育这一虚拟实践活动的根本特点。环境的改变和人的活动的一致，只能被看作是并合理地理解为变革的实践。② 马克思主义启迪我们一定要深刻把握事物的环境及其变化，从而掌握其本质。因此，研究网络思想政治教育的规律，首先要从教育对象、教育过程和教育方法等几个方面开始。

网络思想政治教育的教育对象是社会人，网络思想政治教育对象具有自身发展形成规律，把握网络思想政治教育对象发展规律就是把握人的发展规律，最重要的是把握其思想品德形成发展的规律。人的思想品德发展是建立在实践基础上的主客体相互作用与协调的结果，它是人的品德观点从知、情、意、信、行逐步发展，从而达到社会所要求的思想道德目标的过程。认识人的思想品德发展规律对于网络思想政治教育者把握网络用户思想动态，对网络用户进行观念上的矫正和实践的引导具有重要意义。

研究网络思想政治教育的过程基本规律方面，网络思想政治教育要充分研究网络用户的思想状态，利用网络中信息传播不受空间和时间限制的优势，及时掌握网络用户的思想动态，对网络用户进行因势利导，推动正确价值观的广泛传播，使网民思想政治观念达到社会的普遍要求。所以，网络思想政治教育的基本过程规律为"适应超越律"。同时，在开展网络思想政治教育时还要遵照双向互动律、协调影响律，突出网络的交互性，在网络思想政治教育施教者和受教者的相互影响、相互协调中实现协同

---

① 闫雪琴，刘永栓. 大学生网络思想政治教育的路径优化探析［J］. 国家教育行政学院学报理论与改革，2020（12）：90-95.
② 马克思，恩格斯. 马克思恩格斯文集：第1卷［M］. 北京：人民出版社，2009：504.

进步。

网络思想政治教育的方法有别于传统面对面教育和单纯理论灌输式方法，网络思想政治教育摆脱了时空的束缚，使网络思想政治教育方法更加多样化与现代化，既遵循现代科学技术发展规律，同时，还遵循虚拟与现实相结合、主体性和主导性相结合等一系列的一般方法规律。

（二）江泽民、胡锦涛、习近平等党的领导人关于网络思想政治教育的观点

江泽民、胡锦涛、习近平等党的最高领导人，站在促进国家发展、民族进步、人民幸福的角度，继承马克思主义经典作家和毛泽东、邓小平等领导人关于思想政治教育的相关理论，结合网络社会发展的新特征、新情况、新发展，分别阐释了关于网络思想政治教育的相关思想。

第一，江泽民关于网络思想政治教育的观点。江泽民高度重视网络技术发展情况以及加强网络思想政治教育工作。他指出"信息技术和网络技术发展迅速，对世界政治、经济、军事、科技、文化、社会等领域产生了深刻影响"[1]，提出思想政治教育工作要"进网络"的工作要求，尤其针对网络技术发展的"两面性"提出了一系列思想政治教育指导理论。他提出"以科学的理论武装人，以正确的舆论引导人，以高尚的精神塑造人，以优秀的作品鼓舞人"[2]的科学论断，指导本研究应该致力于加强对网络技术发展和网络同辈群体的规范和引导。

网络思想政治教育要以"积极发展、加强管理、趋利避害、为我所用"[3]为原则指导。一要抓住机遇积极发展网络思想政治教育，大力推动思想政治教育的信息化发展意识和信息化发展进程，实现思想政治教育工作在网络时代的跨越式发展。二要加强管理，促进网络同辈群体健康发

---

[1] 江泽民．江泽民文选：第3卷[M]．北京：人民出版社，2006：300．
[2] 江泽民．江泽民文选：第1卷[M]．北京：人民出版社，2006：563．
[3] 江泽民．江泽民文选：第3卷[M]．北京：人民出版社，2006：300．

展。对学生加强网络政策法规教育，加强网络管理队伍建设，培养专门人才和专门队伍，以适应"信息网络管理新领域"教育发展的新需要。三是趋利避害，构筑网络阵地意识形态教育新高地。网络同辈群体研究要抓住"信息技术特别是信息网络技术的发展，为我们开展思想政治工作提供了现代化手段，拓展了思想政治工作的空间和渠道"①的优势，提高思想政治教育工作的时效性、扩展覆盖面，增强影响力。

第二，胡锦涛关于网络思想政治教育的观点。胡锦涛高度关注网络发展情况，提出一系列重要的理论观点和科学论断，尤其是关于促进网络文化和谐健康发展等方面的相关理论，为网络同辈群体思想政治教育提供了一个有效的切入点和一套高效的理论指导工具。胡锦涛强调以创新精神迎接网络文化建设以及网络建设管理等方面的新挑战，提出"能否积极利用和有效管理互联网，能否真正使互联网成为传播社会主义先进文化的新途径、公共文化服务的新平台、人们健康精神文化生活的新空间，关系到社会主义文化事业和文化产业健康发展，关系到国家文化信息安全和长治久安，关系到中国特色社会主义事业全局"②，这些观点和论断成为网络同辈群体思想政治教育的具体理论依据。

胡锦涛进一步提出的关于网络文化建设的"四个有利于""五项要求"等论断，进一步为网络同辈群体思想政治教育从文化视角深化教育，提升教育效果奠定了研究内容的理论支撑。2010年，胡锦涛在《努力开创新形势下党的建设新局面》中提出"科学方法的运用对提高党的建设水平至关重要。现在信息网络化程度越来越高，对党的建设提出挑战，也带来机遇"③。因此本研究要创新研究方法，深化网络时代大学生网络同辈群体研究，提高和拓展思想政治教育功能和领域，抓住机遇，担当挑战。胡锦

---

① 江泽民. 江泽民文选：第3卷[M]. 北京：人民出版社，2006：94.
② 胡锦涛. 胡锦涛文选：第2卷[M]. 北京：人民出版社，2016：559.
③ 胡锦涛. 胡锦涛文选：第3卷[M]. 北京：人民出版社，2016：253.

涛关于网络思想政治教育的相关论断和思想，指明了关于网络同辈群体研究的重要性，对主要研究内容进行了理论框定，并给出了具体的研究突破口和研究方法。

第三，习近平关于网络思想政治教育的观点。习近平总书记的系列讲话中包含了丰富的网络思想政治教育观点。2014年习近平总书记在中央网络安全和信息化委员会第一次会议上，首次提出"要从国际国内大势出发，总体布局，统筹各方，创新发展，努力把我国建设成网络强国"[①]。围绕建设网络强国，习近平总书记提出了一系列重要论述，对网络同辈群体思想政治教育研究具有系统的政治立场、思想方向、理论基础等方面的指导作用。习近平总书记在网络舆论方面坚持正面宣传和与舆论斗争相结合，要求牢牢把握网络意识形态工作的话语权，把握住新时代信息革命的历史际遇，毫不放松思想政治教育网络安全和信息化等方面的推动工作。思想政治教育不但不能放弃，而且要加强网络思想政治教育。

习近平总书记的网络思想政治教育观点中包含了网络思想政治教育工作的人民立场，创新发展了马克思主义关于人民群众是历史的创造者观点，把马克思主义经典理论和我国互联网络的现实发展充分结合，形成了网络信息事业发展必须贯彻以人民为中心的发展思想。建设网络强国需要解决好出发点和落脚点的问题，开展大学生网络同辈群体研究同样是建设网络强国的题中之意，同样要解决"为了谁、依靠谁"的问题。依据习近平总书记的网络建设要以人民为中心的观点，对网络同辈群体进行研究，必须以学生为中心，不断拓展工作理念和工作空间，为大学生网络同辈群体营造"风清气正"的网络环境。

---

① 习近平. 习近平谈治国理政：第一卷［M］. 北京：外文出版社，2018：197.

### 三、网络传播学理论

（一）传播学是以人类社会的信息传播活动为主要研究对象的学科。在现实生活中，人的信息传播活动会涉及多个环节、多种因素，传播学的相关研究就是以这些环节和要素为基础所开展的。美国著名的传播学家哈罗德·拉斯韦尔（Harold Dwight Lasswell）在1948年发表的《传播在社会中的结构与功能》中提出了传播过程的"五要素构成论"，认为传播过程由五个要素所构成：信息（says what）、信息渠道（in which channel）、传播者（who）、受众（to whom）与效果（with what effect），这就是著名的拉斯韦尔5W模式。这一模式界定了传播学的研究范围，并给出了传播学研究的五大基本内容：即"控制分析""内容分析""媒介分析""受众分析""效果分析"，这五种分析涵盖了传播学研究的主要领域，为当代传播学研究指明了方向。此外，心理实验方法在传播学研究领域中扮演重要角色。美国实验心理学家卡尔·霍夫兰（Carl Hovland）将心理实验方法引入传播学研究领域，使传播学具有了应用心理学的分析技术，他通过在传播学中应用"刺激——反应"的学习理论，解释了在传播过程中为何传播信息受众态度能够改变的具体动机，以及可以采用何种手段去改变传播参与者的传播态度和行为模式。

（二）大众传播媒体是连接个体对外部环境印象和外部现实世界的桥梁。人们对外部物质世界的印象主要是由大众传播媒体所提供的信息产生的，大众传播媒体会有效影响个体对外界环境的想象，而这种对外界的想象可能是扭曲的，与真实外界环境不一致，也可能与个体的外部世界完全一致，媒体可能无法强迫社会成员该"如何想"，即无法塑造个体的思维模式，但是，媒体可以有效地操纵社会成员该"想什么"，即可以提供个体想要的信息资讯。但是，近几年传播学研究成果表明大众媒体对社会成员的决策影响并没有通常所认为的那样有效。一般来说，大众媒体只会影响到社会上一些精英人物的观点，这些精英人物也就是现在被称为"意见领袖"的那些人。这些精英人物通常占据社会关键位置，拥有数量巨大的粉丝或追随者。大众媒体首先通过精英人物进行信息传播，然后再利用这些精英人物的追随者进行信息扩大范围的传播，而与追随者关系紧密的成员又可以进一步进行传播，通过这种多级信息传播模式会将信息传播效果几何级数扩大。在传播学研究领域中，认为消息的产生过程不会始终忠实地反映外界真实情况。事实上，消息在传输的过程中会产生扭曲和损减的现象，造成消息的不真实，而信息的反馈的作用就是要消除这种不真实。信息的传输过程是人的感觉和能力的延伸，在信息输送的过程中包含着人所特有的道德、人格、灵魂、精神、记忆等精神活动，传播过程中的任何变化都会改变人类感性和人类关系。

（三）网络传播学理论为大学生网络同辈群体思想政治教育提供多方面借鉴。互联网是综合纸质媒体、声音媒体、图像媒体等各类传播媒体所有特点的数字化现代媒体，互联网媒体的优势体现在信息传播迅速、信息量巨大上，网络传播学也因此而诞生。互联网传播理论研究的重点领域是信息在互联网上传播的构成要素和相关环节，研究内容主要包括传播过程中的信息发布者和接收者、信息内容、网络媒介类型、传播要素之间相互关系、信息传播相关环节、各种对网络传播有着显著影响的外界因素等。

互联网传播理论这些领域的研究与大学生网络同辈群体思想政治教育理论研究之间可以相互借鉴，融会贯通。网络同辈群体的传播模式和形态是依靠网络客户端和新型网络媒介，基于具有相似年龄、共同认知和相似兴趣的若干网络用户聚合而形成的。随着移动互联网技术的高速发展，网络同辈群体的传播模式越发具有自身的特点，网络同辈群体成员之间的交流方式与以往传统方式完全不一样，变单向交流为双向交流或多向交流。

网络同辈群体组成方式多种多样，因此网络同辈群体成员基于交流而产生的数据信息也是丰富多彩、多种多样。在各种先进信息技术的支持下，网络同辈群体为成员之间相互交流提供了高效率传播平台，他们活跃在各类网络平台上，传播交流各类信息，选择符合自身喜好的话题进行讨论，尽情彰显自身个性，习惯使用自己喜欢的风格网络用语进行沟通交流①。运用和借鉴网络传播学中的某些理论和方法，按照传播学规律建构符合思想政治教育特点的信息传播模式，从而为大学生网络同辈群体思想政治教育提供便利的、效率较高的传播手段。

### 四、其他相关理论的借鉴

#### （一）社会学相关理论

社会学是一门将社会及社会问题作为研究对象的学科，它将社会作为一个整体来进行研究，研究社会发展过程中其各要素之间发展变化的关系。社会学的研究范围广泛，其传统研究对象包括了社会分层、社会群体、社会阶级、社会流动、社会法律等。由于人类活动的所有领域都是在社会结构、个体机构的影响下塑造而成，所以随着社会发展，社会学研究领域越来越广泛。互联网的出现和发展，拓展了社会学的研究领域，网络社会学的研究深度和广度在逐步加深。从社会的群体结构来看，"网民"作为一类新的社会族群伴随着互联网的发展而诞生，网络社会群体是由多个网络用户构成的组织，这种组织成员通常是多样性和异质性的，体现出了组织成员之间存在着复杂关系，拒绝正规体制性束缚，具有非正式群体特征。美国社会学家伊恩·罗伯逊（Ian Roberson）对社会群体的定义是：

---

① 苏娜. 新媒体拟态环境对大学生网络舆情的影响及应对[J]. 江苏高教, 2014 (3): 123-125.

"群体是以彼此行为的共同要求为基础,并以一种有规则的方式相互发生作用的人们所组成的集体"①。社会群体是有着共同利益、共同需求的多名个体,按照一定规则进行社会交往活动的组织形式。社会群体的共同利益和共同需求各不相同,例如,亲人朋友群体、妇女群体、劳动者群体、学生群体、民族群体和宗教群体等。在社会学学科领域中,定义社会群体的概念的外延很宽广,包括有着严密组织规格和共同利益需求的群体组织,也有非正式的没有严格的内部规则化的、相对松散的群体组织。

随着上网人数的不断增加,逐渐形成了网络社会,组成网络社会的个体就是网络用户,那么网络群体就是网络用户依据共同的利益基础而相互交往,并遵守一定规则组织而成的网络社会集体。从宏观的角度来看,在网络社会中,所有的网络用户形成了一个最大的有着利用网络进行沟通共同需求的网络社会群体,这个群体的所有成员都有在网络社会寻找认同感的共同需求。这个最大的整体网络社会群体又可以依据不同的利益导向和兴趣归属而划分为无数个较小规模群体,这与现实社会中的群体有很大的不同。对网络同辈群体思想政治教育而言,要遵循网络社会的发展规律,同时要做好网络同辈群体思想政治教育工作,必须首先了解网络社会的真实情况。因此,网络社会理论对于网络同辈群体思想政治教育的研究具有重要的借鉴意义。

(二)心理学相关理论

心理健康已经成为人才综合素质培养的一个重要因素。我国对大学生心理健康研究和教育已经取得了非常大的进步,但是,随着社会的发展和信息时代的到来,大学生心理健康仍然面临许多挑战,大学生群体由心理

---

① 伊恩·罗伯逊. 现代西方社会学 [M]. 赵明华,等,译. 郑州:河南人民出版社,1988:213.

健康所引发的各种问题仍然时有发生。教育机构或教育者重视对学生心理进行疏导和培育，可以帮助培养学生健全的人格，提升学生的心理品质，有助于学生的全面发展。尤其对于大学生群体来说，他们较少接触社会，没有经历过社会生活的考验，生活经验仅局限于家庭和学校，少有挫折和失败的体验，人生遇到挫折和阻力时会产生消极、悲观情绪，极易自暴自弃，缺乏自制力和意志力，会导致他们经常出现心理上的缺陷①。

教育心理学的分支学科理论——积极心理学，可以培养学生积极心态和坚韧意志，能够使学生在碰到困难与挑战时，有心理承受能力，可以用正确的价值观和积极乐观的态度去解决所产生的问题。积极心理学着眼于培育学生积极的情绪与体验、培养与提升学生的创造力。通过激发出大学生积极向上的态度，激励大学生不畏艰巨、迎难而上、锻炼自身的意志力。在大学以往的教育实践中，帮助弱者、关注负面的消极教育的举措一直在长期实施，对于生活困难、学习困难等弱势学生的心理问题，投入了更多的人力和物力去寻找有效的防范措施。把重心放在挖掘大学生身上积极的心理因素，让学生表现出积极乐观、阳光向上的心态，对在学习上和校园生活中表现良好的学生多进行表扬和肯定②。要充分理解积极心理学的思想精髓，不是单纯凭借帮助学生解决在生活和学习上存在的问题这样一种方式去帮助他们，而是需要一种以积极乐观的态度和方式来为学生提供充满积极向上、健康的环境。

心理学的理论和方法可以推动网络同辈群体思想政治教育朝着正确的方向前进，能帮助解决大学生网络同辈群体思想政治教育工作中出现的难题。思想政治教育核心的宗旨就是用科学的方法提升人的美德，培养大学

---

① 姬兴涛，孙东梅，杜红. 积极心理学与高校思想政治教育整合的理论与实践［J］. 学校党建与思想教育，2013（14）：50-52.
② 周炎根，仲云香. 积极心理学视野下的大学生思想道德教育［J］. 理论与改革，2010（1）：103-105.

生积极、乐观、向上的力量，树立大学生为人民谋福利的远大人生理想。心理学当中的积极心理学和思想政治教育存在着多项理论交叉重合，最为关注的理论研究焦点是在教育过程中体现出人文关怀，而人文关怀的核心精髓就是开发人的潜能，大学生思想政治教育的主要内容就是要培养大学生乐观向上的人格特点，积极心理学就是研究积极情绪与健康的关系，研究如何尊重人、理解人、关怀人、肯定人的价值。因此，积极心理学和思想政治教育的发展目标是一致的。

（三）教育学相关理论

教育学是研究教育活动及其规律的社会科学，通过对教育主客体及其教育实践的研究来总结出教育的一般规律。教育规律的含义是指"教育发展过程中的本质联系和必然趋势"[1]，教育规律的表述方式多种多样，"教育与社会发展相互制约与教育和人的发展相互制约规律这两条规律，大家比较公认而且论述颇多"[2]。

教育规律是一种客观存在，不被任何人的主观意志所改变。然而，教育规律具有自身的运行特性，它是在一定变化幅度范围内进行有弹性的发展运行。从总体上看，教育规律是通过历史演变发展而形成的、在时序上相连续元素依次呈现，表现出多面性和多样性[3]。要想正确掌握教育规律，就必须要清楚地认识到教育规律与其他规律一样，是一种不以任何人的主观意志为转移的客观存在。教育规律不一定完全体现出刻板的必然性，一般是体现出大量的偶然性，透过这些偶然性观察其本质就会表现出某种必然性；人的能动性、主动性、自觉性和选择性在教育规律的形成过程中起着重要的影响作用，但是人的主观干涉不能改变教育规律的客观性，教育

---

[1] 教育大辞典 [M]. 上海：上海教育出版社，1990：17.
[2] 瞿葆奎. 教育基本理论之研究 [M]. 福州：福建教育出版社，1998：256.
[3] 邢贲思. 哲学前沿问题述要 [M]. 北京：人民出版社，1993：164.

规律的客观性意味着对人的主观影响有着本质上的限制，但是教育规律是通过人的活动来起到作用，影响其运行结果并构成其历史内涵。教育规律是经历时态演变的，表现形态具有多样性、多面性，会形成不同类型的内容表达。因此，在相当广泛的范围内有较多的符合教育规律的情形，也就是说，教育规律具有相当大的弹性①。

网络思想政治教育规律是在网络空间实施思想政治教育活动的规律体系。它是由各个层面的网络思想政治教育活动规律构成的规律体系，具有多层次、多维度的特点。认清和把握好各种相关规律，是正确实施网络思想政治教育活动，提升教育正规化和科学化水平的必由之路。人最主要的社会任务和目标就是要改造客观世界，改造人类所处的环境，适应人类的生活需求。马克思主义是教育工作者正确掌握网络思想政治教育规律，进行网络思想政治教育工作始终遵循的指导思想，网络思想政治教育规律与网络环境发展状况、人的发展本质息息相关。通过深刻理解它们相互影响的机理，认识到其间矛盾运动的发展趋势，可以有助于准确把握网络思想政治教育规律；通过深刻认识和把握网络环境对教育规律的影响和网络环境中人的思想品德形成的发展机制，能够帮助教育工作者有效开展网络思想政治教育工作。

通过把马克思主义教育理论应用在网络环境中可以得出一个结论：网络环境发展变化规律、网络环境下人的思想品德形成发展规律和网络环境下教育工作规律共同生成了网络思想政治教育规律。文化与科技的融合、现实与虚拟的共生、人与网络的互动共同构成了网络思想政治教育活动的网络环境。网络环境下人的思想品德的形成发展是人的认知、情感、意志、信念和行为等因素相互之间矛盾运动转化的结果。要想科学开展网络思想政治教育工作，就要把握好教育规律，创造适合进行思想政治教育的

---

① 王伟廉．教育规律问题读书札记［J］．中国高教研究，2000（4）：20-23.

<<< 第二章　大学生网络同辈群体思想政治教育概念阐释及理论依据

网络环境。"人创造环境,同样,环境也创造人。"① 从马克思主义教育理论出发,在网络思想政治教育中,除了要积极发挥人创造环境的能动性之外,还应当高度重视各种环境因素特别是网络环境对人的发展的重要性,利用好网络环境各种优势,通过网络思想政治教育帮助大学生形成良好的思想品德。网络扩展了思想政治教育的范畴,变革了思想政治教育的理论、方法和途径,网络催生了一种崭新的思想政治教育形式②。网络思想政治教育创新了思想政治教育模式和理念,代表了思想政治教育发展和创新的未来趋势③。

(四) 文化学相关理论

"文化是对一种特殊生活方式的描述,这种描述不仅表现艺术和学问中某些价值和意义,而且也表示制度和日常行为中的某些意义和价值"。④ 网络不仅是一种信息交流工具,还具有其特有的文化特质。世界上每一民族都拥有自身独特的文化品质,中华文化中蕴含着千百年积淀下来的优秀文化基因,成为我们这个民族思想政治传统中的宝贵遗产,优秀的传统文化会孕育出独特的民族气质,成为具有民族特色的文化标识。新的文化观主张多元文化共存,积极参与世界文明的进程。在全球化中,面对文明融合和碰撞的挑战,弘扬优秀中国文化,阐释文化精髓,规划实施策略,说好中国故事,体现出人类命运发展的文化思考,布局好中国文化在世界文化格局中走向,提升文化变革应对的能力⑤,为开展文化研究确立了理论

---

① 陈万柏,张耀灿. 思想政治教育学原理 [M]. 北京:高等教育出版社,2007:63.
② 冯刚. 新媒体技术的思想政治教育功能研究 [J]. 北京教育,2009 (10):5-9.
③ 冯春芳,成长春. 理解网络思想政治教育涵义的新视角 [J]. 江淮论坛,2004 (6):153-155,106.
④ 雷蒙·威廉斯. 文化分析 [M] //载罗钢,刘象愚. 文化研究读本,北京:中国社会科学出版社,2000:125.
⑤ 徐兴无. 文化学建设与大学教育 [J]. 文学与文化,2014 (4):13-16.

方向。

在当今时代，社会文化的创新是互联网带给人类社会的重大变革之一，对社会文化的发展既有挑战也有机遇，风险与收益并存。互联网既能促进社会文化思想交流、融合、借鉴和创新发展，也能加剧各种文化思潮的冲突、碰撞、对峙和交锋。其中文化演变内涵十分丰富，包括传统古老文化与现代文化传承交融，域内文化与域外文化相互交流，主流文化与非主流文化相互碰撞，积极文化与消极文化相互交锋，先进文化与落后文化相互影响，造成社会意识形态呈现多样化状态。互联网世界是网络文化的诞生地，既有文化包容也有文化歧视，需要用创新文化思维模式研究网络世界的各种文化现象。网络环境中的各种文化现象具有自主性、生成性、创造性、情境性、多样性等特点。

大学生网络同辈群体的交流方式作为一种网络文化现象，体现出大学生在网络环境中进行学习和生活的文化背景。大学生网络同辈群体的各项活动会催生各式各样的网络文化，这些诞生在网络同辈群体当中的网络文化是一种新型文化形态，具有互联网时代的一些特点，有别于具有稳定形态的规范的传统主流文化，这种新兴的文化形态属于一种亚文化。亚文化与主流文化不是泾渭分明、截然隔离的，处于发展过程中的亚文化会和主流文化相互碰撞、相互借鉴、相互交流、相互融合或者相互转化。亚文化发展壮大之后会对主流文化具有一定的冲击和替代作用，而主流文化对亚文化既有排斥的一面也有吸纳和接收的一面。从客观和历史的角度看，亚文化最终会在与主流文化互动过程中，逐渐与主流文化融为一体。在微观领域，这种文化之间的互动交流就是个体化存在的大学生与现实社会之间的互动，大学生个体正是通过网络同辈群体活动了解现实社会并对现实社会进行有效反馈。

大学生网络同辈群体建立了一种新型文化表达方式，经过多年的快速发展，网络世界积累了大量文化积淀，这些文化积淀可以成为思想政治教育的文化资源，需要认真地加以挖掘利用。尤其是各种新颖的现代化网络传播媒体不断涌现，丰富了网络同辈群体文化形态，大学生加入网络同辈群体之中就可以接触到各种文化资源和文化形态，随着大学生网络同辈群体数量和种类的不断增加，网络同辈群体文化形式和内容也随之增加，越来越多样化，增加了大学生接受不同种类文化熏陶的机会。在全球化和互联网信息时代下，网络同辈群体已成为大学生学习和生活的常态化社交平台，网络同辈群体的功能日益强大，既能给主流价值观、优秀传统文化的传播、思想意识形态工作的开展带来方便，也可能带来不良影响。因此，充分挖掘文化资源，发挥文化教育功能，将有助于大学生同辈群体思想政治教育工作的开展。

第三章

# 大学生网络同辈群体思想政治教育的主要内容

大学生网络同辈群体思想政治教育内容是以思想政治教育的内容为根本依据，结合网络同辈群体及成员的思想实际和虚拟性特点，经教育者（教育工作者、网络群体）有目的、有计划地输送给教育对象有价值引导性的思想政治信息后，提高教育对象的思想道德素质的一个系统。本章对这一系统进行了较为全面的分析，提出了大学生网络同辈群体思想政治教育内容的确立依据，确定了其基本要求，阐释了其基本要素——政治观教育、道德观教育、学习观教育、人生观教育、生活观教育和网络安全观教育。

## 第一节　大学生网络同辈群体思想政治教育内容的确立依据

大学生网络同辈群体思想政治教育的内容不是任意描绘的，也不是由杰出的人物规定的，它深深根植于社会土壤之中，由社会的政治、经济、文化和历史诸多因素所决定，特别是由社会发展和进步需要所决定。因此，大学生网络思想政治教育的主要内容是由新时代中国社会发展的现实依据、直接理论来源和大学生人格发展的程度来确立，主要依据有以下几点。

### 一、社会发展的现实依据

社会现实是确定大学生网络同辈群体思想政治教育的主要依据,开展网络同辈群体思想政治教育,符合社会现实发展和进步的规律,其内容主要有时代变化、社会发展状况、文化背景三个方面。

(一)时代变化。人类迄今经历了四次工业革命,分别是 18 世纪 60 年代英国以瓦特发明蒸汽机为主导的第一次工业革命;19 世纪 70 年代以电力为主导的第二次工业革命;20 世纪四五十年代以信息为主导的第三次工业革命,更是开创了"信息时代"。全球信息和资源交流变得更为迅速,大多数国家和地区都被卷入全球化进程之中,世界政治经济格局进一步确立,人类文明的发达程度也达到空前的高度。第三次信息革命方兴未艾,还在全球扩散和传播。前三次工业革命使得人类发展进入了空前繁荣的时代,与此同时,也造成了巨大的能源、资源消耗,付出了巨大的环境代价、生态成本,急剧地扩大了人与自然之间的矛盾。

进入 21 世纪,人类面临空前的全球能源与资源危机、全球生态与环境危机、全球气候变化危机的多重挑战,由此引发了第四次工业革命——绿色工业革命,以石墨烯、基因、虚拟现实、量子信息技术、可控核聚变、清洁能源以及生物技术为技术突破口的工业革命。一系列生产函数发生了从自然要素投入为特征,到以绿色要素投入为特征的跃迁,并普及至整个社会。中国第一次与美国、欧盟、日本等发达国家和地区站在同一起跑线上,在加速信息工业革命的同时,正式发动和创新第四次绿色工业革命。新时代的大学生不仅应当具有第三次工业革命带来的素质和观念(如时间观念、效率观念、竞争观念、消费观念等),同时,还应具有第四次绿色革命带来的某些素质和观念(如信息观念、系统观念、道德观念、环保观念、全球化观念、安全观念等)。网络同辈群体思想政治教育的内容，必须包含这两次技术革命所具有的素质和观念，否则，大学生的人格素养和行为无法与时代发展并行前进。

(二)社会发展状况。目前，我国已全面建成小康社会，中国特色社会主义进入新时代，需要培养德智体美劳全面发展的社会主义建设者和接班人。由此，一方面社会需要建设者和接班人，进而激发青年一代不断创新进取，推动社会的发展；另一方面，社会主义现代化强国的建设者和接班人，必须是德智体美劳全面发展的人，是兼顾个人能力和人格素养全面发展的人，既不能重能力轻品格，更不能只看品格而无视能力。这两种片面性都不适应新时代中国社会的发展。

进入新时代，在中国社会发展进程中，网络的巨大变革给世界带来了翻天覆地的变化，成为促进社会发展的极其重要的因素，对社会各个方面都渗透着网络的巨大影响力。网络对大学生的影响真实可见，大学生可以熟练使用、利用网络，同时也受到网络直接或间接的影响，此时，大学生是德智体美劳全面发展的建设者和接班人，做好大学生网络思想政治教育，特别是网络同辈群体的思想政治教育，其内容必须符合社会发展的趋势和网络进步的需要。

(三)文化背景。改革开放以来，中国在马克思主义指导下，继承中华民族优秀传统文化，吸取西方文化的有益成果，中西方优秀文化相互融合，发扬中国优秀文化的长处，建立一种既高于中国传统文化又高于西方文化的"合金"文化[①]。中国优秀传统文化倾向于协调性和统一性，西方文化倾向于竞争性和个体性。两种文化差异十分明显，也各有利弊。中西方文化能够正确地融合，使现代中国文化既具有协调性又具有竞争性。反映在人格特质上，必然会产生出具有全面进取性、创造性和协调性的多面

---

① 陈秉公. 思想政治教育学原理 [M]. 北京：高等教育出版社，2006：226.

人格，这是新时代中国特色社会主义建设所需要的完美人格。

网络文化随着网络技术的快速发展和其影响力的提升，逐步成为社会文化的重要组成部分。网络文化根植于中国优秀传统文化中，又蕴含着西方文化中的个性和自由。大学生网络同辈群体形成的亚文化是网络文化的组成部分，对大学生网络同辈群体开展思想政治教育，教育内容既要符合先进文化的发展方向，同时必须兼顾网络文化、网络同辈群体亚文化的独特性，才能进一步推进思想政治教育工作。

从中国社会发展进程看，经历了从站起来、富起来到强起来的伟大历史变革，中国特色社会主义进入新时代，时代的变换是社会发展的必然结果。革命和建设时期，社会对人才人格素质的要求更多关注的是"又红又专"的精神和信仰。在改革开放和中国特色社会主义建设时期，对大学生人格素质的要求更多集中于求实创新、开拓进取的精神和能力。进入新时代，对大学生的要求是德智体美劳全面发展的建设者和接班人。对新时代大学生进行思想政治教育，必须具有时代性。大学生网络同辈群体思想政治教育的主要内容必须以新时代为背景、与时俱进，才能更好地塑造新时代大学生的优秀人格素质。

**二、教育内容的知识来源**

大学生网络同辈群体思想政治教育内容的直接理论来源主要是人的全面发展理论、思想政治教育内容、网络思想政治教育内容等。

（一）人的全面发展理论。恩格斯认为，人的全面发展是要"将使自己的成员能够全面发挥他们的得到全面发展的才能"[1]。按照人的全面发展理论，人虽然要经历由低级到高级若干发展阶段，但是在任何一个发展阶段，人都应该完整地均衡地全面发展，而不能畸形发展。畸形发展的人

---

[1] 马克思，恩格斯. 马克思恩格斯文集：第1卷[M]. 北京：人民出版社，2009：689.

格，无论对个人，还是对社会都是无益的。开展大学生思想政治教育，尽量避免大学生出现畸形的人格，培育大学生良好的人格品质，实现人的均衡发展。

（二）思想政治教育内容。陈万柏、张耀灿认为"思想政治教育内容的基本要素——世界观教育、政治观教育、人生观教育、法治观教育、道德观教育"[1]。陈秉公认为"思想政治教育内容为世界观教育、政治观教育、人生观教育、道德观教育、法制观教育、创造观教育和健康心理教育"[2]。郑永廷等人认为"思想政治教育的主要任务是开展理想信念教育、爱国主义教育、民主法治教育、全面发展教育"[3]。镇方松认为"新媒体背景下的高校思想政治教育可以分为思想教育、政治教育、心理教育、道德教育、素质教育等几个部分"[4]。大学生网络思想政治教育内容是思想政治教育在网络上的拓展，必须以思想政治教育内容为依据，并体现网络非正式群体的特点。

（三）网络思想政治教育内容。靳诺等学者认为"网络思想政治教育内容主要从社会主义核心价值体系教育、大学生综合素质和能力培养、日常思想政治教育等几个方面入手"[5]。网络思想政治教育内容既包括思想政治教育固有的或共同的内容，也包括根据网络特点与特征所开展的针对性的思想政治教育。大学生网络同辈群体的类型和特征，是实现网络思想政治教育针对性的基本出发点。

大学生网络同辈群体思想政治教育内容是以人的全面发展理论、思想

---

[1] 陈万柏，张耀灿.思想政治教育学原理：第三版［M］.北京：高等教育出版社，2015：173.
[2] 陈秉公.思想政治教育学原理［M］.北京：高等教育出版社，2006：242.
[3] 郑永廷，等.思想政治教育学原理：第二版［M］.北京：高等教育出版社，2018：172.
[4] 镇方松.新媒体视域下大学生思想政治教育研究［M］.北京：北京理工大学出版社，2018：114.
[5] 靳诺，等.大学生网络思想政治教育［M］.北京：高等教育出版社，2011：93.

政治教育内容、网络思想政治教育内容、网络非正式群体等研究内容为直接理论依据，立足于现实思想政治教育内容，兼顾网络思想政治教育内容，结合大学生网络同辈群体的类型和特征，将普遍性与特殊性相统一，重点聚焦政治观教育、道德观教育、人生观教育、学习观教育、生活观教育和网络安全观教育六个方面，为大学生网络同辈群体思想政治教育主要内容的基本要素。

### 三、人格发展的阶段特点

人格在每个发展阶段上的需要和素质水平都不一样，大学生处于相似的人格发展阶段，但每个人的经历不同、环境不同，在人格发展程度上也会出现差异。现实生活中，大学生的思想观念、道德品质、心理素质等，会出现量的不同和质的差异。大学期间是从儿童期到成年期的跨越时期，它在人格发展阶段体现出既是对儿童期人格生成、发展的延续，又是成年期人格定型与开放的一种延伸，从而呈现出以下主要特点：

（一）大学生人格发展呈现自主性。大学生伴随着身体的发育、性的成熟、情感体验的深化与社会性的发展，开始逐渐摆脱一些对外部世界肤浅的、表面的认识，而将注意力集中到发现自我上来。他们开始自己观察、分析、思考并解决所面临的问题，开始意识到自我的价值、承担起一定的社会责任，他们的行为更多地受到来自主体的内在力量的影响，大学生在网络同辈群体中更具有自主性、自觉性和能动性。

（二）大学生人格发展具有过渡性。大学生正值青年中、后期，面临职业准备、婚姻选择、社会角色定位、人际关系拓展等各种问题，他们无论在生理、心理、还是社会方面都处于未成熟状态。在非正式群体中，大学生的心理、言论和行为等，没有现实世界的羁绊，真实地表现出其过渡期不稳定的特点。

（三）大学生人格发展具有实践性。大学时代是大学生走向成人社会的过渡期，是真正开始探索自我和确立自我的时期。学校也不可能是脱离社会的孤岛，两者是相互渗透的。大学生在网络中接触到各种思想观念、价值体系、人生态度，在社会实践中体验内心的矛盾和现实世界中的价值冲突，产生、证实及坚守观念。在这种特定的世界里，大学生网络和现实的社会实践决定了他们的人格发展趋向。

## 第二节 大学生网络同辈群体思想政治教育内容的基本要求

大学生网络同辈群体思想政治教育内容不是固定不变的，而是发展变化的，要根据思想政治教育的目标、环境、对象的变化而变化，对大学生网络同辈群体及成员开展思想政治教育，基本要求如下：

**一、彰显大学生网络同辈群体思想政治教育内容的针对性**

网络同辈群体及成员作为大学生网络同辈群体思想政治教育对象，与现实群体的形成方式、沟通方式、稳定性等均有不同，呈现出网络非正式群体的特征。教育者需要针对教育对象的具体特点、思想实际、接受能力等，确定思想政治教育内容，确保思想政治教育内容的针对性，增强教育的实效性。

首先，依据大学生网络同辈群体的现实情况，开展思想政治教育。大学生网络同辈群体是非正式群体，既有网络的虚拟性，也存在非正式组织的不可控性。运用思想政治教育的基本原理和方法开展思想政治教育工作，既要遵循思想政治教育的一般规律，还要兼顾网络非正式群体的特殊性，选择恰当的方法、话语和载体，知其所思、予其所需、解其所惑，贴近教育对象的思想实际,关切其长远发展的需要。

其次,依据大学生网络同辈群体的不同类型,开展思想政治教育。网络同辈群体类型不同,其群体内关注的焦点也不同。针对不同类型网络同辈群体及成员进行"因材施教",准确区分教育内容和方法。如对学习型网络同辈群体进行学习、科研等方面引导,会激发群内成员的积极性和主动性,达到良好的教育效果。对特长、兴趣型群体则在实践活动中加以引导。

最后,依据大学生网络同辈群体的现实变化,开展思想政治教育。事物是发展变化的,网络同辈群体亦同样如此。对网络同辈群体及成员进行教育,立足现实并"高瞻远瞩"。关注现实社会的热点问题进行深入而广泛的讨论,有利于引导学生全面分析问题、解决问题;在现实针对性的基础上,依据群体及成员的变化来调整教育内容,以求实现教育对象和教育内容的动态变化,使教育者更好地掌握教育规律。

## 二、注重大学生网络同辈群体思想政治教育内容的时代性

网络时代的到来,使现实社会和教育对象发生了相应的变化,大学生网络同辈群体思想政治教育内容也需要不断变化,特别要突出其时代性。

首先,大学生网络同辈群体思想政治教育内容应富有时代感。要顺应新时代发展的新要求,解答新时代发展的新课题,使教育内容体现新时代精神;依托网络、运用新时代思想和精神来积极引导、教育、激励网络群体和成员,向教育对象转达新信息、传授新知识、传递新观念、传播新思想。

其次,大学生网络同辈群体思想政治教育内容应注重现实性。理论只有来源于实践,并与现实相结合,才能够使理论更加鲜活,具有生命力和说服力。中国社会进入中华民族伟大复兴的关键时期,既要规划社会发展

的未来趋势，也要立足当前的具体国情。国内国际风云变幻，特别是网络阵地的抢夺也愈发激烈，教育内容贴近社会现实、贴近大学生实际、贴近生活，注重结合教育对象在学习、工作、生活中等遇到的现实问题开展教育，帮助他们解决现实中迫切需要解决的问题，更能够被大学生所认同。

**三、深化大学生网络同辈群体思想政治教育内容的系统性**

从大学生网络同辈群体思想政治教育内容定义可以看出，其内容是一个系统，系统内各要素相互联系、协同作用，使教育内容成为具有良好功能的系统。

首先，注重内容的整体性。对网络同辈群体及成员进行思想政治教育，是网络思想政治教育的重要组成部分，是思想政治教育在网络中的拓展，不能脱离现实谈网络，不能脱离思想政治教育内容谈网络思想政治教育内容，现实与网络思想政治教育是一个整体，是培养学生成长成才不可或缺的空间部分，不能割裂亦不能独立。

其次，注重内容的关联性。大学生网络同辈群体思想政治教育内容内部各要素之间相互作用、相互协调，更好地完成教育的目标和任务。另外，大学生网络同辈群体思想政治教育内容与外部环境相互作用、相互联系，以期达到教育的最大功效。协调内部要素和外部环境，主要是强化教育合力，任何不协调或矛盾，都可能破坏教育合力。

再次，注重方式的有序性。对网络同辈群体开展思想政治教育，其特殊性在于是在虚拟空间中进行，需要科学有效的方法。对教育对象表现出的状态，要进行科学的筛选和仔细的辨别，针对不同的群体类型、不同的群体困惑，采取不同的解决方法，既不能"一刀切"也不能"面面俱到"。对可以规劝、教导的群体及成员，用教育的柔和方式就可以顺利地解决问题，并达到教育的目的。对一些长期处于消极状态、与主流价值观相违背的"颓废"群体或成员,在柔性教育不起作用的情况下,可以采取强硬措施,对群体负责人或核心人物进行强制教育和引导,甚至解散群体,将危害降至最低,从源头规避危机的出现。

## 第三节 大学生网络同辈群体思想政治教育内容的基本要素

针对大学生网络同辈群体的非正式性、虚拟性等特性,对其开展思想政治教育,既要遵循思想政治教育的一般规律,也要兼顾网络思想政治教育的现实要求。大学生思想活跃,易于接受新鲜事物,乐于参加各种各样的网络同辈群体。在网络同辈群体中,大学生能够跨越地域和知识背景的限制,可以和群体中其他成员直接平等自由地互动沟通,为大学生自我价值实现提供了良好的平台。其基本要素主要是围绕政治观教育、道德观教育、人生观教育、学习观教育、生活观教育和网络安全观教育展开。

### 一、政治观教育

所谓政治观,就是人们对国家政治结构、党和国家在内政外交方面的路线、方针、政策的根本立场、根本态度和根本看法。本书研究的政治观教育是狭义的政治观教育,重点聚焦网络同辈群体网络政治理性教育。

(一)政治观教育对大学生网络同辈群体思想政治教育的重大意义。开展网络思想政治教育,政治观教育必须置于首位。大学生政治观端正,认可、认同党的领导和国家的路线、方针、政策,才能成为党和国家所需要的建设者和接班人。网络一方面给大学生带来了海量的全球信息,另一方面网络的负面影响也现实存在。西方国家及国内分裂势力想借助网络"东风""胡作非为",所以网络中经常充斥着西方价值观和国家分裂的言论。这就要求对群体及成员加强教育，最大限度防止受西方思潮的影响。大学生在非正式群体中进行交流、获取信息，对信息的把控、甄别和传播，随意性较强、约束性较弱，影响一部分学生政治观发生偏移甚至走向反面。国际、国内舆论纷繁复杂，大学生在网络舆情斗争中，需要十分谨慎，否则很容易被一些网络投机、反动分子所蛊惑、煽动，做出一些不理智、不符合大学生身份的负面事件，从而影响学生的前途和命运。由此，对大学生网络同辈群体进行政治观教育十分必要。

（二）政治理性行为教育是开展大学生网络同辈群体政治观教育的主要内容。在网络中进行政治观教育，引导教育大学生形成政治认同思想和政治理性行为。首先，用潜移默化的方式引导网络同辈群体大学生对党的路线、方针、政策，对马克思主义、毛泽东思想和中国特色社会主义理论体系，能够认同、赞同；同时，能够维护国家统一，维护祖国的主权和独立。大学生对祖国的热爱，是在党的领导下对国家的认同感和归属感，热爱伟大的社会主义祖国，为祖国的繁荣富强贡献自己的智慧和力量。培育大学生具有良好的民族自尊心、自信心和自豪感，不断铸就民族品格，坚定民族自强信念。其次，教育大学生努力自觉承担起中华民族伟大复兴的重要历史使命，用自己的实际行动积极努力学习，为国家建设贡献力量。一场疫情，"00"后大学生的爱国之情，已化作大学生的实际爱国行为，变成了"抗疫"的重要助推力，他们在网络中开展相应的课程学习、志愿者服务、科研讨论等，坚定了政治立场，维护了网络纯净和稳定。大学生在思想上高度认同，在行为上理性，是大学生网络同辈群体开展政治观教育的最佳内容。

**二、道德观教育**

所谓道德观是人们依靠内在信念、社会舆论和传统习惯来调整人们之间、个人与社会之间关系的行为准则和规范的总和。大学生道德观教育的目标是为了让大学生具有强烈的事业心、高度的社会责任感、高尚的道德情操和文明的行为举止。本书研究的网络道德观主要集中在网络道德伦理教育，力求规范大学生网络行为，达到遵守网络伦理准则的目的。

（一）大学生网络同辈群体道德观教育的现实必要性。在网络空间进行交际和求知有别于在现实世界做同样的事，无论是传播的信息还是交流的主体都具有虚拟性，这种虚拟性使很多行为和言论具有隐匿性，会造成不符合社会伦理道德观的言行肆虐网络空间，加之大学生本身受到知识水平的限制和意志力薄弱的影响，同时，对网络信息分辨能力也较弱，大学生自身的道德观会受到一些错误道德观的误导。网络世界传播的信息中，会掺杂着不同文化背景和政治背景的意识形态以及各种消极的道德观，会严重影响甚至腐蚀大学生在家庭和学校所受到教育的传统道德观念，大学生在这种影响下，会对传统道德观念产生怀疑和抵触，甚至抛弃优良道德观去接纳不良的道德观，对大学生本身个人价值观念体系和社会道德体系建设产生恶劣的影响。

（二）网络道德伦理教育是大学生网络同辈群体道德观教育的主要内容。网络社会的形成和发展必然会伴生网络道德伦理，网络社会的道德体系是调整网络用户之间或网络用户与网络群体之间一切行为规范的伦理准则。教育工作者在充分掌握网络社会的运行规律和网络信息传播规律的基础上，利用适合大学生网络同辈群体的教育方式，向大学生传授网络道德行为规范，引导大学生形成网络社会所需要的思想道德品质，使之在进行网络社会活动时自觉遵守伦理准则，自觉以积极道德观践行各项网络同辈群体活动。做好大学生网络同辈群体思想道德教育引导工作，培养大学生科学的思想道德意识，引导学生在正确价值取向的基础上，实现身心健康成长、自我道德水平提高；做好互联网道德教育环境构建工作，在大学生网络同辈群体中弘扬科学先进的道德思想意识；通过明确大学生网络道德观教育目标，加强网络优秀文化建设，从而正确引导大学生网络同辈群体道德观教育向正确的方向发展。

**三、人生观教育**

人生观就是人们对人生目的和意义的根本看法和态度，人生观教育内容十分丰富，主要有人生理想教育、人生价值观教育、人生态度教育、审美教育等。人生价值观是人们对人生价值的总体看法和根本观点，是人生观教育的核心问题，它不仅包括个人对社会的责任和贡献，也包括社会对个人的尊重和满足，它在人生观教育中居于核心地位，在深层次上影响、制约和指导人们的实践活动。本书重点论述在网络同辈群体中加强人生价值观教育，帮助大学生正确处理个人和社会的关系，实现大学生的人生价值。

（一）人生价值观教育对大学生网络同辈群体的重要意义。人生价值观教育决定着大学生在网络虚拟空间中的价值观形成、评价和实现。加强人生价值观教育，培养大学生在网络中树立正确的人生价值观，是一项长期复杂而又艰苦细致的工作，是高校思想政治教育工作的重要内容。随着网络同辈群体的不断发展以及各种不良思潮的影响，大学生的人生价值观也在不断发生变化。因此，加强网络中社会主义核心价值观等重要思想的教育，加强社会公德、爱国主义、集体主义和社会主义教育，在网络同辈群体中营造良好环境，用先进典型优化大学生的人生价值观，在网络实践中优化大学生的人生价值观，始终在网络同辈群体中教育和引导大学生树立正确的人生价值观。

（二）大学生网络同辈群体人生价值观教育主要是确立正确的人生价值目标、进行正确的人生价值评价和努力实现人生价值。

首先，要引导群体或成员确立正确的人生价值目标。人生价值目标是从根本方向和原则上指明人生应该追求什么和怎么做的基本取向，表现为人生"应当如何"的态度①。人生价值观直接或间接地对大学生参与网络群体的实践活动具有一定的指导作用。大学生根据自身的兴趣爱好参与不同的网络同辈群体，不同的群体对大学生的人生价值存在影响，群体不同影响也不同。以学习型群体为例，群体的主要功能是激发群内成员的学习积极性、主动性，成员在群内感受群体学习氛围，并且能够为群体做出个人的贡献，群体的总体目标和成员的个人目标相符合，从而达到群体价值与个人价值的同向、同行。

其次，大学生网络同辈群体人生价值观教育，引导受教育者正确进行人生价值评价。人生价值评价是依据一定的价值标准，通过个人心理活动、群体意识倾向和社会舆论，对自己或他人的价值观念和社会行为进行衡量、分析和判断的过程②。对大学生网络同辈群体或成员进行价值评价，必须正确把握价值评价标准。价值评价的根本尺度，是看一个人（或群体）的实践活动是否符合社会发展的客观规律，是否通过实践促进了历史的进步。以情感型网络同辈群体为例，大学生由于情感的需要加入该类型的群体，群体给大学生提供自由交流情感的平台，也能够为个别情感失落的大学生提供情感援助，有利于大学生的心理归属和压力释放，这样的网络同辈群体价值评价就是正面的、积极的，应积极推进群体建设，为更多的成员服务。

最后，大学生网络同辈群体人生价值观教育，引导受教育者努力实现人生价值。当前，受教育者最大的人生价值就是在积极参与社会主义现代

---

① 陈万柏，张耀灿. 思想政治教育学原理：第三版［M］. 北京：高等教育出版社，2015：187.
② 陈万柏，张耀灿. 思想政治教育学原理：第三版［M］. 北京：高等教育出版社，2015：187.

化建设、实现中华民族伟大复兴的实践中，实现和创造人生价值。网络中信息瞬息万变，给群体内成员带来困惑和不解。面对世界、地区的各种不良信息，群体及成员能够良好辨别，对群体及成员加以正确引导，就是对社会建设和国家稳定做出的贡献。

**四、学习观教育**

学习观是指以什么样的态度和观念进行学习。学习是人成长过程中必然经历的阶段，是大学生最主要的任务。本文研究的学习观教育强调在大学生网络同辈群体中，重点帮助大学生树立正确的学习观、激发大学生的创新意识。

（一）学习观教育有助于大学生网络同辈群体认清学习的重要性和目的。网络同辈群体潜移默化影响大学生学习观，对大学生树立自主学习观念非常重要。大学生需要树立终身学习的观念，养成终身学习的习惯。大学是人生开启高等教育的第一步，主要是系统学习专业知识，并加以实践。第一，大学生从大学时期开始，从自主学习转向终生学习，不仅学习科学知识，还要学习思维模式。掌握丰富的科学文化知识，学会团队合作，培养自身的责任感，勇于担当，学业和情商发展双重进步。第二，理论联系实际，大学生在实践中不断补充新的理论知识。大学生通过获取知识并运用知识解决实际问题，充分体验学习过程中所蕴含的乐趣；通过在实践中应用所学知识，了解知识的实用价值，体会到学习的重要性。第三，大学生终身学习的目的就是要不断更新自身的知识结构和内容，保持个人人生的可持续发展，防止被时代前进浪潮所淘汰。网络同辈群体中关于学习的交流和研究，不会随着大学学习阶段的结束而结束，群内成员用自身的实际行动来影响群内大学生形成终生学习的观念。在学习过程中分析各要素间内在关联机制，做到学习系统各相关要素平衡协调，让学习成为人生必不可少的生活内容。

（二）学习观教育帮助大学生网络同辈群体树立正确的学习观，激发大学生网络同辈群体形成创新意识。

第一，树立正确的学习观。大学生要想获得较好的学习效果，要端正学习态度，采取科学的学习方法，制订翔实的学习计划，科学地分解学习内容，确定好学习的优先次序，把精力重点放在解决主要问题上，抓大放小，合理安排学习时间，总结学习经验，提高学习效率。网络同辈群体是大学生自由交流学习经验、表达学习态度、展示学习方法的一个自由平台。优秀成员的学习观念，在群体中广泛传播，被群内成员奉为"金科玉律""大神之谈"，很容易被低年级的学生所接受。大学生优秀的学习经验，都是自主学习的典范。学习自主性弱的学生，学习的积极性主动性都较弱，成绩也可想而知。

第二，形成正确的创新意识。创新是在思想观念上的突破性的创造，具有很强的独创性、新颖性和突破性，创新就是一个不断突破常规思维模式的过程，具有很强的构想性和不确定性，需要在现实环境中进行实践验证其是否有效。大学生网络同辈群体的自由性和开放性，为大学生创新提供了广阔的空间和自由的平台，在这里，大学生可以畅所欲言，自由发挥自己的想象和创新思路，不会被传统模式所束缚，在一定程度上有利于大学生的创新发展，有利于帮助大学生把创新设想变成具有可行性的现实可行项目。

创新是一个艰苦奋斗、勇于付出的过程，鼓励大学生多参加社会创新实践，让大学生了解到真正创新活动的实际情况，理解从创新设想到实际成功之间会存在诸多困难和障碍。培养学生应对逆境的能力，增强大学生的毅力和韧性，开拓大学生的视野和胸怀，塑造大学生积极向上、谦虚自信的创新观，有助于提高大学生创新的成功率。在大学生网络同辈群体中，通过对创新先进典型的榜样力量的宣传与思想政治教育相结合，形成辐射效应，构建鼓励创新的氛围。同时，可以通过网络的优势建立与创新有关大学生的网络同辈群体，与大学生创新社团、大学生创新基地等综合教育平台相结合，让思想政治教育和创新教育贯穿于大学生的学习和生活中，形成人人参与创新的浓郁氛围，树立正确的创新观。

**五、生活观教育**

生活观是人们对生活的根本观点和看法。有观点认为："生活观是人对生活的基本看法和态度，其本质上是人生观问题，又是价值观的外部表现形式。"① 本书研究的大学生生活观是指大学生在日常实践中形成的一种对生活世界的基本看法和观点，狭义上主要包括情感观、人际观、幸福观、消费观等方面。

（一）生活观教育对大学生网络同辈群体发展的现实意义。中国社会进入新时代，社会发展经历了由富起来向强起来的巨大转变阶段，大学生活也随着社会的变化而变化，进入了新时代。特别是"00"后大学生对互联网的依赖和使用，达到了前所未有的程度。大学生生活观中对自身的认识和理解也发生了相应的变化，新时代的大学生肩负着实现中华民族伟大复兴的重要使命。马克思指出："全部社会生活在本质上是实践的。"② 大学生生活是以大学校园的实践为基础，形成了大学生生活观的基本内容。大学实践推动了当代高校的发展，决定了高校大学生认识的发展，是大学生生活观生成的前提和基础，促进大学生生活观不断丰富和变化，大学生生活中的一切现象都可以从大学实践中得到说明，大学实践对大学生生活

---

① 朱鲁子．对生活的重新阐释——探付价值观问题的一个可能视角［J］．理论与现代化，2000（12）：16-20.
② 马克思，恩格斯．马克思恩格斯选集：第1卷［M］．北京：人民出版社，2012：135.

观具有批判和改造功能。

（二）大学生网络同辈群体生活观教育狭义上主要包括情感观教育、人际观教育、幸福观和挫折观教育、消费观和娱乐观教育等方面。

第一，情感观教育。情感观是指人们对情感的看法和观点，大学生的情感观主要由亲情、爱情和友情三个方面组成，其中亲情观和友情观相对比较稳定，但爱情观却充当了情感"变压器"的作用，对大学生影响较为深刻。大学生处于恋爱观形成的关键时期，他们在校期间的恋爱经历，会直接影响大学生的学习观、人际观、幸福观等各个方面。良好的恋爱经历，会激发学生的生活动力，确立正确的人生目标并为之努力；反之，痛苦的恋爱经历会使学生意志消沉、失去生活动力，甚至产生心理疾病失去生存的欲望。情感观教育特别是恋爱观教育是十分敏感而又备受大学生关注的内容，因此，情感观教育非常重要，甚至会影响到大学生对未来人生伴侣的选择、家庭的幸福，必须帮助大学生树立健康积极的情感观。在大学生网络同辈群体中，成员毫不掩饰自己的情感，能够大胆地表达自己的情感，和现实生活中相比会自然很多，而且不会产生面对面的尴尬情况。但由于网络的虚拟性，很多成员利用无法面对面的条件，欺骗他人感情，造成不良后果。因此要教育大学生网络同辈群体树立正确的情感观。

第二，人际观教育。人际关系是大学生生活的重要内容之一，处理好人际关系是大学生走向社会应具备的基本技能。大学生日常生活的人际关系主要是处理师生关系和同学关系，而同学关系显得尤为重要。人际关系是培养个人能力的主要途径，能激发大学生提升自身的语言表达能力、协调组织能力等。人际关系也是影响学生心理健康的关键环节，良好的人际关系可以使大学生的生活充满快乐，对个人成长和发展十分有益。而恶劣的人际关系，会使学生情绪低落，影响学习和生活。因此大学生人际观教育是大学生生活观教育的重要组成部分，需要重视和加强。网络给大学生一个自由交际的机会,很多平时内向、腼腆的学生,在网络上却能言善辩、能说会道,与现实中的本人判若两人。网络中的人际交往更能够激发学生交往自信,有利于大学生的成长。

第三,幸福观和挫折观教育。大学生幸福观就是大学生对幸福的理解和追求,大学生挫折观是指大学生对挫折的看法和观点。在全球化浪潮和西方社会思潮的冲击下,大学生对幸福的追求和态度受到西方不良思潮的影响,很多人对幸福的理解变成了对金钱和名利的追求,而不是为社会做贡献、为人类发展做贡献。对于出生在 21 世纪的青年一代来说,物质匮乏已经罕见,他们大学期间的挫折主要源于学习、情感、人际关系等方面,这些挫折都是人生必然经历的阶段。在幸福观和挫折观的教育中,突出大学生的时代性和特殊性的历史使命,为社会、国家和人类做出贡献才是幸福的最高境界,客观分析和对待成长中的挫折,树立正确的幸福观和挫折观。幸福和挫折没有绝对的标准,都是相对而言的。大学生在网络同辈群体中交流十分自由、放松,对一个事件"幸福"还是"不幸"的理解和出发点比较真实,因此,在交流中,很多成员的困惑和不满,随着"对比"而消失不见。

第四,消费观和娱乐观教育。物质生活的提升,使许多大学生对待消费存在盲目的状态,出现与大学生身份不符的高端消费和超前消费,"校园贷"、高利贷事件也偶有发生,归根结底是大学生没有树立理性的消费观。合理控制消费欲望是大学生正确的消费观,应加以积极引导。在娱乐方面,大学生活丰富多彩,适当的娱乐可以促进大学生的身心健康,但过分沉迷娱乐,会影响其他方面,对生活造成不良影响。合理消费和适当娱乐,适合大学生的身份,也是大学生自身素养的体现,需要积极提倡和教育。在实际的调查中发现,在大学生网络同辈群体中,成员的消费、服饰、装饰等都会对其他人有不同程度的影响。在娱乐方面,群内影响力人物的作用更是十分的显著。

**六、网络安全观教育**

安全观是人们对安全的作用、地位、价值等总的看法，其核心是生命价值观。①"没有网络安全就没有国家安全，就没有经济社会稳定运行，广大人民群众利益也难以得到保障。②"党的十八大以来，以习近平同志为核心的党中央根据国内外网络安全形势的新变化，提出了网络安全思想，旨在"维护网络空间主权和国家安全、社会公共利益，保护最广大人民群众的合法权益"③。国家安全、网络安全、大学生安全与社会稳定发展息息相关，意义重大。

网络安全观教育对大学生网络同辈群体的现实价值。习近平网络安全思想的形成体现了新时代中国共产党特色建网、用网、管网、治网的最新理论成果和实践凝练，对我们开展网络思想政治教育工作提供了向更加独立自主、公平公正、安全合理、集约高效方向发展的智慧指引，提供了推动互联网安全整体格局朝着更加包容、美好、和谐发展的动力导向，具有开创性、前瞻性、引领性的重大意义。大学生网络同辈群体思想政治教育，遵守网络安全规则和保障网络利益，既符合教育发展规律，符合网络安全的要求，又有利于进一步推进大学生网络同辈群体思想政治教育工作的深入发展。

网络安全观教育狭义上主要包括对大学生网络同辈群体进行网络意识形态安全教育、网络信息安全教育和网络行为安全教育三个方面。

第一，网络意识形态安全教育是大学生网络同辈群体安全观教育的头

---

① 张景林，王晶禹，黄浩．再论科学安全观［J］．中国安全科学学报，2007（1）：5-9．
② 习近平．习近平谈治国理政：第三卷［M］．北京：外文出版社，2020：306．
③ 中华人民共和国网络安全法［EB/OL］．中国人大网，2016-11-07（1）．

等要务。习近平总书记 2013 年 8 月 19 日在全国宣传思想工作会议上指出："意识形态的工作是党的一项极其重要的工作。"① 在网络时代，大学生网络意识形态安全建设是国家意识形态建设的前沿阵地，由此，加强新时代大学生网络意识形态安全教育至关重要，对国家掌控大学生网络意识形态的动态极为重要。网络同辈群体的虚拟性和隐蔽性使得大众可以获得现实中不能获得的满足感，说现实中不能说的话。正是因为这种匿名和隐蔽使学生道德人格缺失，在虚拟的空间里肆意放纵，浏览暴力、恐怖和色情的信息，不负责任地发表言论，不考虑社会的规范和道德约束。不法分子意图构造相对独立且复杂的信息环境，以扰乱大学生的思想意志，颠覆这一年轻群体的主流价值观，这就加重了大学生意识形态安全教育环境的复杂性。对网络同辈群体进行网络安全观教育，首先要维护大学生思想意识安全，提高学生自身的网络安全素养，拥有思想安全意识，采取多种有效措施引导和培育大学生树立正确的网络安全观，掌握规避和化解危险源的技能，防止大学生网络同辈群体出现重大网络意识形态安全问题。

第二，网络信息安全教育是大学生网络同辈群体安全观教育的重要内容。当今网络信息安全工作显得尤其重要，危害网络安全的行为一直是困扰全体网络用户的现实问题，网络犯罪越来越呈现出高科技化和多样化态势，让人防不胜防。网络给我们带来了诸多便捷的同时，也带来了很多潜在的风险与危害，网络信息安全问题已经引起国家和政府的重视。感知网络安全态势是最基本、最基础的工作。② 网络信息安全了，对国家、社会、个人都意义重大，是民族复兴的"稳定器"、是社会安定有序发展的"助推器"、是个人幸福的"保险栓"。但如果网络信息不安全，会造成严重的危

---

① 中共中央宣传部理论局．指导新时期宣传思想文化工作的纲领性文献——学习习近平总书记在全国宣传思想工作会议上的重要讲话章选［M］．北京：学习出版社，2013：1.
② 习近平．在网络安全和信息化工作座谈会上的讲话［M］．北京：人民出版社，2016：18.

害和影响。对于国家,网络信息不安全会使国家在技术博弈、话语博弈、理念博弈等方面处于十分劣势的地位;对于社会,网络信息不安全可以危害整个社会的有序运行,会造成社会混乱,影响经济运行;对于个人,网络信息不安全会直接造成个人的信息泄露、财产损失和工作生活的不便。

第三,网络行为安全教育是大学生网络同辈群体安全观教育的落脚点。2016年11月,《中华人民共和国网络安全法》高票通过,成为我国首部网络安全领域的法律。从明确提出"没有网络安全就没有国家安全",到突出强调"树立正确的网络安全观",再到明确要求"全面贯彻落实总体国家安全观"。[①] 重视大学生在网络同辈群体中的人身安全,帮助大学生树立正确的网络安全观,归根结底是大学生能够在网络同辈群体中践行安全观。网络平台运行具有虚拟性和不确定性,一方面给学生带来自由和便捷,另一方面也成为学生一些不良行为的"场所"。大学生在非正式群体中的行为,既要符合群体要求,也要符合网络行为安全的要求,不能肆意破坏网络规则危害网络安全和他人安全。他们是网络社会的主要参与者,可以在建设文明安全网络社会中发挥骨干作用,积极参与净化网络社会风气活动,将有利于促进现实社会良好风气的形成[②]。

总之,大学生网络同辈群体思想政治教育主要内容的基本要素,具有内在的逻辑关系,共同促进网络同辈群体思想政治教育工作的深入展开,其中,政治观教育是核心和基础,道德观教育是底线和规范,网络安全观教育是保障,生活观教育、学习观教育和人生观教育是主要支撑,六个方面相关作用,构成了鲜活而丰富的基本要素。

---

[①] 温红彦,等.习近平总书记关于网络安全和信息化工作重要论述综述[N].人民日报,2018-11-06(5).

[②] 方兵."互联网+"时代大学生新型网络安全观培育研究[J].华北理工大学学报(社会科学版),2019(4):80-85.

# 第四章

# 大学生网络同辈群体思想政治教育影响因素及效果分析

大学生网络同辈群体随着网络思想政治教育和大学生思想政治教育的不断创新发展,对大学生思想政治教育的影响越来越深远。在大学生网络同辈群体思想政治教育理论研究的基础上,加大对大学生网络同辈群体思想政治教育影响因素、效果的研究,具有现实意义。本章采用实证研究方法,主要从大学生网络同辈群体思想政治教育的影响因素分析、效果调查与分析等两个方面入手,力求用科学的方法多角度、多方位探索大学生网络同辈群体思想政治教育的影响因素。

## 第一节 大学生网络同辈群体思想政治教育影响因素调查与分析

马克思主义基本原理表明,内因和外因是唯物辩证法关于事物发展原因和动力的一对基本范畴。内因指事物发展变化的内部原因,外因指事物发展变化的外部原因;内因是事物发展的根本原因,外因是事物发展的第二位原因。"外因是变化的条件,内因是变化的根据,外因通过内因而起作用。[1]"大学生网络同辈群体思想政治教育是内外因共同作用的结果。

---

[1] 毛泽东. 毛泽东选集:第1卷[M]. 北京:人民出版社,1991:277.

## 第四章 大学生网络同辈群体思想政治教育影响因素及效果分析

**一、大学生网络同辈群体思想政治教育影响因素作用模型构建**

大学生网络同辈群体思想政治教育中,对同辈群体开展思想政治教育,网络同辈群体因素和学校教育因素作为外因,通过内因因素学生参与——行为参与、情感参与和认知参与,对思想政治教育效果产生影响,具体作用机制,如图4.1所示:

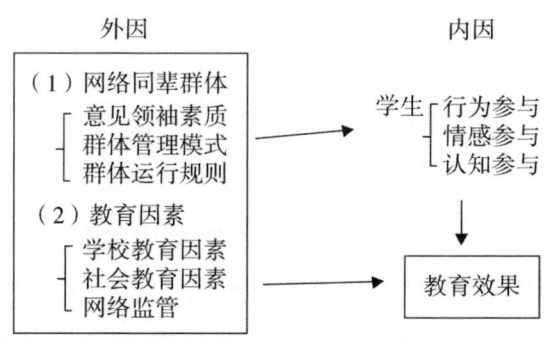

**图 4.1 大学生网络同辈群体思想政治教育作用机制模型**

(一) 网络同辈群体因素

大学生网络同辈群体通过对内部因素学生参与开展思想政治教育,影响思想政治教育的效果。主要有群体内部的核心人物、群体的运行管理方式和群体的规章制度。

第一,意见领袖素质。大学生网络同辈群体,是依托网络而建立起来的,虽然是虚拟社交,但是有发起人或核心人物(们)——意见领袖的存在。意见领袖对群体的关注程度、自身的思想道德水平和责任心强弱,都会对群体产生极其重大的影响。以学习类网络同辈群体为例,假如意见领袖是专业性强、政治素养高、责任心强的大学生,在群内高频次交流学业问题和学习技巧等相关激励和督促学习的内容,群体内大多数学生都会积极响应并能够得到及时的帮助。反之，如果一个意见领袖无法向群内人员传递积极信息或者经常散布负面信息，会对群内成员造成负面影响。所以，大学生网络同辈群体中的意见领袖，是群体的魂，是网络同辈群体的核心因素，必须加以重视。

第二，群体管理模式。作为一种组织存在的大学生网络同辈群体，意见领袖特别是发起者要对群体进行管理，必须要有科学的方法。"良言一句三冬暖，恶语伤人六月寒。"网络同辈群体的成员都是大学生，不分地位高低，管理者和成员都是平等的关系。管理者能够采取温和的方式，处理群体内部的事件，让成员们心服口服，会有利于思想政治教育工作的顺利开展。管理者如果采取情绪化、讽刺式、抨击式等相对粗暴的方式对待群内成员，不仅不会达到良好的教育效果，反而会激发群内成员的不满，甚至退出群体。

第三，群体运行规则。群体要良好地运行，必须有相关的规章制度，网络同辈群体是一种虚拟组织，往往没有十分明确的"文字制度"，但群体内部会有相应的群体运行规则。这种规则是一种群体文化，也可以称为群体"潜规则"，成员在群体内必须遵守相应的规则才能够得到认可，成为群体成员。以娱乐型群体为例，主要是发布与娱乐相关的信息和讨论，管理者会发出声明，不允许转发一些其他信息，如抨击党的领导、抨击学校的信息，或者是一些政治家领袖的八卦消息等。有这样"制度"的存在，会规范群内的成员的言行，对群体环境有良好的作用。但在调查中也发现，有一些群体管理比较涣散，没有相应的群内规则，导致群内流言蜚语、乌烟瘴气，根本无法发挥思想政治教育的正面作用。

（二）教育因素

第一，学校教育因素。

首先是教育主体素质。网络同辈群体思想政治教育不是几个人、几个老师可以独立完成的，需要专业教师、辅导员、思想政治理论课教师等人员的参与。网络同辈群体的成员和核心人物都是来源于普通的大学生，大学生无时无刻不接受高校教育者的教育。因此，教育者对网络同辈群体的掌握情况、影响力及群体的变化情况都要有相关的认识和重视。以中美贸易摩擦为例，网络中充斥着各种评价和文章，学生爱国热情高涨而理性不足，无法辨别网络中文章和观点的真伪，在一些网络同辈群体中，甚至会发布一些与主流宣传相违背的言论。此时，专业教师、辅导员、思政课教师及其他教育者，能够齐心协力，将主流思想及时传达给群内成员，进而影响他们的思想，让学生具有辨别能力和水平，让学生们的爱国热情符合主流价值观。在大学生网络同辈群体思想政治教育的影响因素中，教育者作为教育主体其综合素质的影响力作用最大。

其次是校园文化。文化是一个国家、一个民族的灵魂。文化自信是一个国家、一个民族发展中更基本、更深沉、更持久的力量[①]。校园文化是大学在长期发展中积淀形成的全体人员共同持有的稳定的理想信念、价值标准、思维方式和行为习惯的总和。校园文化有着重要的教育功能，尤其在思想政治方面对人的影响和塑造作用更加明显[②]。我国古代有"孟母三迁"的故事，还有"蓬生麻中，不扶而直；白沙在涅，与之俱黑"的警句，都说明了环境对人的影响。校园文化深刻、持久、无所不在地影响着大学生，也同样影响大学生网络同辈群体。大学中校训、校歌、校史馆、楼宇建筑、饮食甚至是绿植草地等都是校园文化的具体体现，对学生的影响产生于无形中。同样，虚拟的网络环境也是影响同辈群体思想政治教育的关键因素之一。校园文化与网络官方宣传能够相互配合，及时占领大学生的网络阵地，让学生在较好的网络环境中获取知识和客观看待身边的一

---

① 习近平. 习近平在全国高校思想政治工作会议上强调：把思想政治工作贯穿教育教学全过程开创我国高等教育事业发展新局面[N]. 人民日报，2016-12-09（1）.
② 魏晓文，修新路. 大学生社会主义核心价值观认同的影响因素与培育对策[J]. 大连理工大学学报（社会科学版），2018（5）：96-104.

些事件，从而有利于大学生网络同辈群体思想政治教育的开展。

第二，社会教育因素。互联网是连接全世界的网络媒介，社会事件、国家政策、社会规则，都会通过网络加以宣传，对网络同辈群体产生影响。网络同辈群体通过网络与社会环境之间进行信息的互换和互动，社会的信息多种多样，不良的社会思潮、不良的社会现象、庸俗的社会事件，都会通过网络媒介传播。一些媒体为了赚取高额利润，往往热衷于一些低级趣味的、不健康的内容和反映社会阴暗面的丑恶现象，对网络同辈群体主流价值观、意识形态等产生冲击。同时，体现民意的政治决策、风清气正的社会环境、温暖人心的道德模范也会与不良现象在网络中争夺阵地。

第三，网络监管。虽然网络世界是虚拟世界，但大学生网络同辈群体世界的控制者依然是大学生本人，群体有自身的运行方式和"亚文化"，但这不能保证其发挥的作用或发布的信息和内容，都是在法律允许范围内的。因此，舆情部门必须加强对网络的监管，发现敏感问题和异常情况，必须及时处理。特别是在重大节日和敏感时期，都要加大对网络的监控，发现不良问题，及时制止并加以教育，防止恶性事件和悲剧的发生。有一个真实的案例，来自不同大学的几个学生自发形成了一个网络群体，其中一人在群内留言，谈及自杀内容，该校相关部门敏感捕捉到此类信息后，召集教师及班级干部，赶往学生宿舍，学生已吞食安眠药，由于发现及时，挽救了学生的生命。由此，网络监管十分重要，也十分必要，是及时发现问题、解决问题的技术保障。

（三）学生参与因素

第一，网络同辈群体成员的行为参与。网络同辈群体成员行为参与强调的是"参加"，在网络同辈群体中，主要是成员参加群内的话题讨论、游戏互动、观点发表等群内活动的行为。行为参与，主要强调成员的群内行为，属于最初级的参与方式，没有行为参与，情感参与和认知参与就无从谈起，行为参与是情感参与和认知参与的基础。网络同辈群体成员的行为参与主要是参与群内发言，跟其他成员互动，发表个人观点并提出相关的问题。以"江歌被杀案"为例，成员展开激烈讨论，发表个人的观点，并在其中提出相关的法律问题，这是一种个人观点释放的方式和场所。因为群内没有教师、领导等相关教育者的存在，发言的角度和表达方式粗暴与文明共存、理性与感性共存。讨论不一定有最后的结论，但成员积极参与，表达观点，就是一种参与行为，这是关注群体动态、接受群体影响的开始。

第二，网络同辈群体成员的情感参与。网络同辈群体成员情感参与是指成员对群体、群体成员、群内活动、群内观点等产生积极或消极的情感反应，可以表现为对群体、成员关系、群内氛围、群内的意见等的认同感和满意度等。情感参与是在行为参与基础上产生的，是对群体产生的一种特殊情感。这种情感是对群体的认可或否定的表现，如果认可群体，就会在心理上找到寄托和感到内心的满足；反之，就会排斥，甚至退出群体。在大家交流的过程中，有的成员对其他观点不同的人或核心人物展开攻击，进而对整个群体产生敌对情绪和厌恶感，索性不发言或者直接退群。在群中的不愉快经历，直接导致成员与群体的脱离。反之，如果群成员在群中得到了良好的尊重，个人观点和参与行为得到了群内成员的高度赞扬，成员得到了极大的满足感和内心的归属感，就会对群体感情深厚，并十分关注群内动态。对群体产生情感，并带着情感去参与群内活动，就是成员的情感参与，情感参与是在行为参与基础上产生的，同时是产生群体认知的感情基础。

第三，网络同辈群体成员的认知参与。网络同辈群体成员认知参与是从群内成员意志、努力程度和认知策略等方面进行考量，是最深层次的参与方式。认知参与一般与动机目标和自我调节相关，可以表现为接受群内

"亚文化"、成员灵活处理群体内各种问题、喜欢难度较大的群内活动、独立面对群内挑战等。认知参与是成员高度认可、认同群体及群体文化，将自身和群体紧密联系在一起，将群体视为自己生活、学习、人际交往等最重要的场所，并能够在群内开展活动、影响他人、引领群内文化。以"中美贸易战"为例，群内成员不仅发表个人观点，对群体中关于贸易战的观点，持肯定态度，并在此基础上，将群内的观点变成每个人都认可的观点。成员个人或一些人，通过转发材料、视频或数据资料等方式，努力改变群内成员的观点，使成员认可、认同群内文化，达到与群内文化一致的目的。也就是说，群内成员不仅受到群内文化的影响，还要影响群内文化。

## 二、大学生网络同辈群体思想政治教育影响因素问卷设计

### （一）大学生网络同辈群体思想政治教育影响因素问卷的初步编制

本研究从研究目的出发，参考了大量的中外文献和相关领域的文献制定了调查问卷。在黑龙江省、山东省、辽宁省、山西省等10所高校专门抽取了400名大学生进行预调查，对结果进行分析并听取专家意见、部分受测学生建议，对不适当的题目进行修改，最终确定而成。具体思路如下：

第一，对在校大学生等人员进行开放式问卷调查，对调查结果的代表性关键词进行分类、筛选和编码。通过半结构化访谈的形式调查大学生网络同辈群体思想政治教育的现状，经过分类、筛选和编码，选取两次调查相一致的内容确定大学生网络同辈群体思想政治教育影响因素的具体构成。

第二，依据大学生网络同辈群体思想政治教育影响因素的具体结构进行操作化定义，编制初测问卷。

第三，通过通俗度检验、探索性因素分析、验证性因素分析、重测信度分析等检验初测问卷，修改或删减相关题目，提升问卷的信度、效度。

本研究采用自编"大学生网络同辈群体思想政治教育影响因素调查问

卷"为测量工具,共计 27 题。分别从大学生的大学生网络同辈群体的网络同辈群体因素、教育因素、行为参与、情感参与、认知参与等维度,对大学生网络同辈群体思想政治教育的运行机制进行描述和考量。问卷采用五等评定量表,分别是非常符合、符合、不确定、不符合、非常不符合,问卷题型为单选。

本研究中,大学生网络同辈群体思想政治教育效果构面为因变量,包括认知调控、行为调控、态度引导、思想引导四个维度。影响因素构面为自变量,包括网络同辈群体因素的意见领袖素质、群体管理模式、群体运行规则三个维度和教育因素的学校教育、社会教育、网络监管三个维度,每个维度设计了 3 个问题,如"活跃成员的发言总能得到其他成员的肯定""师长总能对群内的讨论给出正确的引导""学校的社团活动是群内成员经常讨论的话题""群内敏感、不健康、违规的发言总能被及时地处理"等。学生参与因素构面为中介变量,包括行为参与、情感参与和认知参与三个维度,每个维度设计了 3 个问题,如"我愿意与群内成员讨论感兴趣的话题""我习惯于定时关注群内的话题动态""我能从群内互动中获得交往技巧的提升"等。全面了解网络同辈群体对大学生思想政治教育影响的效果,探寻大学生网络同辈群体的作用和影响。

(二) 大学生网络同辈群体思想政治教育影响因素问卷的信度和效度分析

"大学生网络同辈群体思想政治教育影响因素问卷"与"大学生网络同辈群体思想政治教育效果调查问卷"(具体详见本章第二节)同时施测,样本结构相同。为进一步提高各影响因素实证分析的有效性和可信度,使用 SPSS 20.0 对该问卷施测后的数据进行信度和效度分析。

第一,信度分析

通过计算 Cronbach's α 系数来考察大学生网络同辈群体思想政治教育影

因素问卷的信度。结果显示：意见领袖素质、群体管理模式、群体运行规则、学校教育、社会教育、网络监管、行为参与、情感参与和认知参与9个潜变量的 Cronbach's α 系数（表4.1）显示均大于0.7，其中最小的0.88，最大的0.95，说明问卷具有非常好的内部一致性，具有较好的测量信度。

第二，效度分析

内容效度。本书在总结马克思主义内外因辩证理论和行为科学理论的基础上，借鉴了美国"研究型大学就读经验调查"（Student Experience in the Research University，SERU）等编制调查问卷，以确保调查问卷具有良好的内容效度。

结构效度。本书使用探索性因子分析对调查问卷的结构效度进行检验。在探索性因子分析过程中，运用主成分分析法。通过计算，网络同辈群体因素、教育因素和学生参与因素3个问卷的 KMO 值分别为0.92、0.91和0.94（表4.1），Bartlett 球形值均达到显著水平（Chi-Square=2968，DF=153，$p<0.001$，Chi-Square=3791，DF=210，$p<0.001$，Chi-Square=4860，DF=10，$p<0.001$），说明3个量表均适合做因子分析。

收敛效度。在结构效度检验的基础上，将网络同辈群体因素、教育因素和学生参与因素3个问卷分别进行验证性因子分析。通过计算，网络同辈群体因素、教育因素、行为参与、情感参与和认知参与5个潜变量的平均方差抽取量（AVE）分别为0.67，059，0.60，0.68，0.59，组合信度（CR）分别为0.94，0.92，0.82，0.86和0.81（表4.1），从结果可以看出问卷具有较好的收敛效度。

表 4.1 模型各变量的信度、效度分析

| 研究构面 | 研究变量 | 题项代码 | 因子载荷 | KMO | Cronbach's α | AVE | CR |
|---|---|---|---|---|---|---|---|
| 网络同辈群体因素 | 意见领袖素质 | A1 | 0.84 | 0.92 | 0.88 | 0.67 | 0.94 |
| | | A2 | 0.81 | | | | |
| | | A3 | 0.85 | | | | |
| | 群体管理模式 | B1 | 0.83 | | 0.92 | | |
| | | B2 | 0.83 | | | | |
| | | B3 | 0.86 | | | | |
| | 群体运行规则 | C1 | 0.84 | | 0.92 | | |
| | | C2 | 0.70 | | | | |
| | | C3 | 0.80 | | | | |
| 教育因素 | 学校教育 | D1 | 0.73 | 0.91 | 0.90 | 0.59 | 0.92 |
| | | D2 | 0.87 | | | | |
| | | D3 | 0.81 | | | | |
| | 社会教育 | E1 | 0.68 | | 0.95 | | |
| | | E2 | 0.80 | | | | |
| | | E3 | 0.71 | | | | |
| | 网络监管 | F1 | 0.83 | | 0.89 | | |
| | | F2 | 0.77 | | | | |
| | | F3 | 0.73 | | | | |
| 学生参与因素 | 行为参与 | G1 | 0.74 | 0.94 | 0.93 | 0.60 | 0.82 |
| | | G2 | 0.78 | | | | |
| | | G3 | 0.81 | | | | |
| | 情感参与 | K1 | 0.80 | | 0.91 | 0.68 | 0.86 |
| | | K2 | 0.85 | | | | |
| | | K3 | 0.84 | | | | |
| | 认知参与 | J1 | 0.76 | | 0.90 | 0.59 | 0.81 |
| | | J2 | 0.73 | | | | |
| | | J3 | 0.82 | | | | |

## 三、大学生网络同辈群体思想政治教育影响因素作用机制分析

(一) 研究假设

基于之前的理论研究发现,大学生网络同辈群体开展思想政治教育,受到网络同辈群体因素、教育因素和学生参与因素的共同影响。其中,意见领袖素质、群体管理模式、群体运行规则是网络同辈群体因素,学校教育、社会教育、网络监管是教育因素,行为参与、情感参与、认知参与是学生参与因素。网络同辈群体因素和教育因素是外因,学生参与因素是内因,为了更详细地分析学生参与因素作为内因的作用,本研究把行为参与、情感参与、认知参与三个维度作为独立的中介变量进行分析。综上所述,本研究提出以下假设:

假设 H1:网络同辈群体因素对思想政治教育效果产生直接正向影响;

假设 H1a:网络同辈群体因素对大学生行为参与产生直接正向影响;

假设 H1b:网络同辈群体因素对大学生情感参与产生直接正向影响;

假设 H1c:网络同辈群体因素对大学生认知参与产生直接正向影响;

假设 H2:教育因素对思想政治教育效果产生直接正向影响;

假设 H2a:教育因素对大学生行为参与产生直接正向影响;

假设 H2b:教育因素对大学生情感参与产生直接正向影响;

假设 H2c:教育因素对大学生认知参与产生直接正向影响;

假设 H3:行为参与对大学生思想政治教育效果产生直接正向影响;

假设 H4:情感参与对大学生思想政治教育效果产生直接正向影响;

假设 H5:认知参与对大学生思想政治教育效果产生直接正向影响。

基于马克思主义唯物辩证法内因和外因理论、行为科学等相关研究的基础之上,构建了网络同辈群体因素、教育因素、学生参与因素的三个维

度和思想政治教育效果之间关系的影响机制模型（见图4.2）。

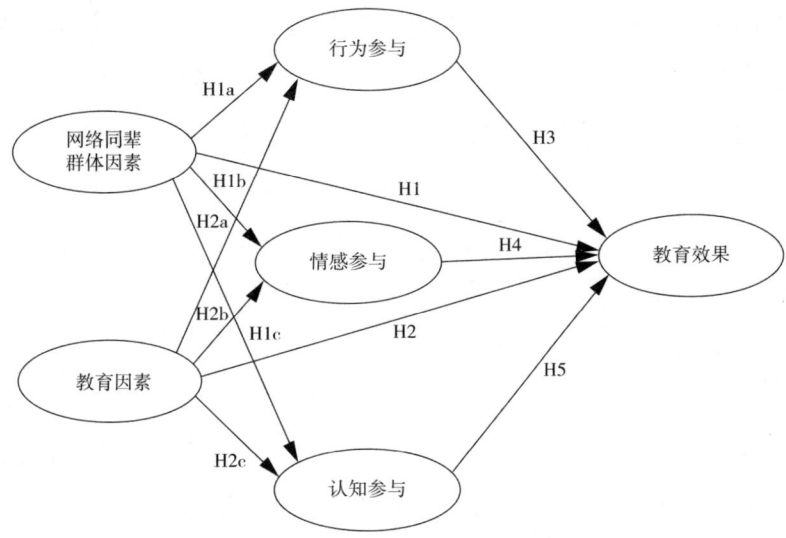

图4.2 大学生网络同辈群体思想政治教育效果影响因素的作用机制模型

（二）研究过程

采用软件SPSS 20.0进行线性模型回归分析，采用AMOS 17.0做整体模拟拟合度分析和结构方程模型检验。

第一，共同方法偏差检验。

本书采用Harman单因素方法检验数据是否存在共同方法偏差。对量表的所有题项进行探索性因子分析，共析出11个因子，总共解释了53.359%的变异，其中第一个因子的解释变量为19.5%，明显小于40%[①]，因此可认为不存在严重的共同方法偏差。

---

① Podsakoff P. M, MacKenzie S. B, Lee J. Y, Podsakoff N. P. Common method biases in behavioral research: a critical review of the literature and recommended remedies [J]. Journal of applied psychology, 2003（5）: 879-903.

第二,变量相关分析。

网络同辈群体因素、教育因素、行为参与、情感参与、认知参与和教育效果 6 个变量的平均值、标准差及 Pearson 相关系数矩阵如表 4.2 所示。各因素之间均两两呈显著正相关,这样的相关关系初步验证了假设 H1、H1a、H1b、H1c、H2、H2a、H2b、H2c、H3、H4 和 H5 是成立的。

表 4.2 各构面变量相关系数表

|  | 网络同辈群体因素 | 学校教育因素 | 行为参与 | 情感参与 | 认知参与 | 教育效果 |
| --- | --- | --- | --- | --- | --- | --- |
| 网络同辈群体因素 | 1 |  |  |  |  |  |
| 教育因素 | 0.767** | 1 |  |  |  |  |
| 行为参与 | 0.937** | 0.826** | 1 |  |  |  |
| 情感参与 | 0.99** | 0.159** | 0.604** | 1 |  |  |
| 认知参与 | 0.569** | 0.234** | 0.74** | 0.196** | 1 |  |
| 教育效果 | 0.558** | 0.431** | 0.147** | 0.356** | 0.654** | 1 |

注:** 表示 $p<0.01$

第三,线性模型回归分析。

通过运用线性回归模型分别衡量各变量与大学生网络同辈群体思想政治教育成效的关系及其程度。

结果如表 4.3 所示,模型 1 表明 3 个控制变量均对教育效果产生影响,而且显著程度较高。其中,政治面貌情况和学生干部情况对教育效果的影响为正。由此可以推断,网络同辈群体思想政治教育中,学生党员和学生干部群体教育效果最好,学生干部的教育成效更高。从学生年级的情况来看,影响系数为负代表年级越高的大学生,教育成效越低。这说明高年级同学自身价值观已经基本形成,教育成效不明显,而低年级同学更易于接受价值观的引导教育。

模型 2 至模型 6 分别说明网络同辈群体因素、教育因素、行为参与、情感参与、认知参与5个变量对教育影响均为正，可以推断网络同辈群体因素、教育因素和学生参与的水平越高教育效果越好。

模型7将所有变量加入模型中，考察全部变量与教育效果的关系。从模型的整体来看，除教育因素外其他变量均达到了显著水平，这说明网络同辈群体因素、行为参与、情感参与、认知参与可以直接正向预测教育效果，而教育因素不能直接预测教育效果。

数据分析显示，良好的网络同辈群体因素和学生的行为参与、情感参与、认知参与水平有助于提升思想政治教育效果，而教育因素对思想政治教育效果直接影响不显著。假设H1、假设H3、假设H4、假设H5得到验证，假设H2没有得到验证。

表4.3 线性回归模型分析表

| 变量 | 模型1 | 模型2 | 模型3 | 模型4 | 模型5 | 模型6 | 模型7 |
| --- | --- | --- | --- | --- | --- | --- | --- |
| Constant | 2.582*** | 2.375*** | 1.564** | 1.779** | 1.658** | 1.635** | 1.124** |
| 年级 | −0.429*** | −0.065** | −0.011* | −0.033* | −0.035* | −0.067** | −0.074** |
| 学生干部 | 0.812*** | 0.087** | 0.013* | 0.035* | 0.075* | 0.069** | 0.053** |
| 政治面貌 | 0.733*** | 0.522*** | 0.484*** | 0.465*** | 0.472*** | 0.398*** | 0.304*** |
| 网络同辈群体因素 | | 0.579*** | | | | | 0.385*** |
| 教育因素 | | | 0.103** | | | | 0.012 |
| 行为参与 | | | | 0.496*** | | | 0.287*** |
| 情感参与 | | | | | 0.593*** | | 0.326*** |
| 认知参与 | | | | | | 0.387*** | 0.258*** |
| R2 | 0.298 | 0.324 | 0.262 | 0.347 | 0.353 | 0.425 | 0.461 |
| Adj. R2 | 0.377 | 0.339 | 0.280 | 0.443 | 0.372 | 0.421 | 0.548 |
| F | 15.986*** | 13.421*** | 12.405*** | 15.425*** | 13.451*** | 14.515*** | 15.581*** |

注：* 表示 $p<0.05$，** 表示 $p<0.01$，*** 表示 $p<0.001$

第四，结构方程模型分析。

本研究主要考察网络同辈群体因素、教育因素、行为参与、情感参与、认知参与对思想政治教育效果的影响。根据前文提出的理论模型和研究假设，构建了同辈群体因素、教育因素、行为参与、情感参与、认知参与对思想政治教育效果影响的结构方程模型，如图4.3所示。影响因素包括同辈群体因素、教育因素两个潜变量，学生参与包括行为参与、情感参与和认知参与3个潜变量，思想政治教育效果单独构成一个潜变量。通过Amos组件对所建立模型进行分析检验，模型各项拟合指数为：CMIN/DF = 7.653，GFI = 0.743，AGFI = 0.752，PGFI = 0.741，IFI = 0.799，TLI = 0.653，CFI = 0.787，RMSEA = 0.095，未达到适配标准，因此根据修正指数（MI）和变量之间的实际意义进行模型修正，修正后的模型见表4.4。

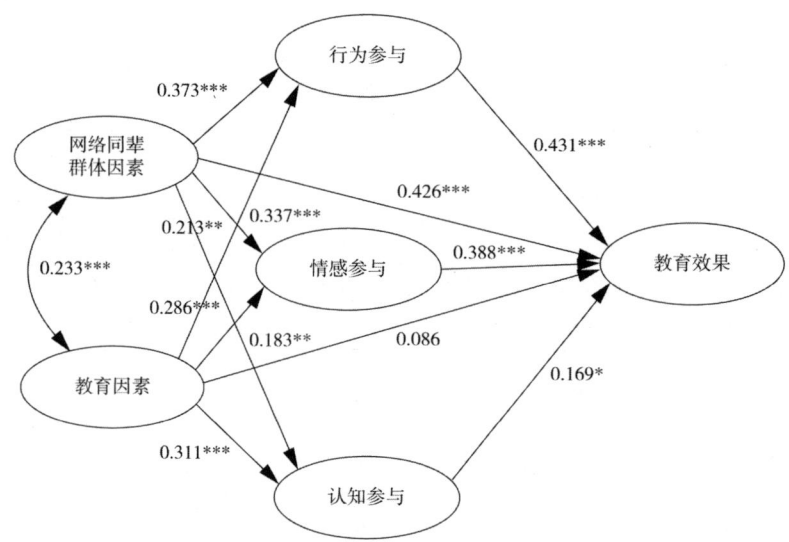

**图4.3　影响因素工作机制的结构方程模型**

模型拟合度评价通过计算，修正后的各项拟合指数数值为：CMIN/DF = 1.875，GFI = 0.930，AGFI = 0.945，PGFI = 0.644，IFI = 0.956，TLI = 0.943，CFI = 0.953，RMSEA = 0.045，通过结果可以看出各项指标均符合适配标准，模型拟合度较好（见表4.4）。

表4.4 整体模型拟合优度分析

| | 指标 | 推荐值 | 本期模型 |
|---|---|---|---|
| 绝对拟合指数 | CMIN/DF | <5 | 1.875 |
| | GFI | >0.90 | 0.930 |
| | AGFI | >0.85 | 0.945 |
| | RMSEA | <0.06 | 0.045 |
| 相对拟合指数 | CFI | >0.90 | 0.953 |
| | IFI | >0.90 | 0.956 |
| | TLI | >0.90 | 0.953 |
| 简约拟合指数 | PGFI | >0.50 | 0.644 |

路径系数及显著性通过结构方程模型分析，对本文提出的11条研究假设路径进行检验，结果如表4.5所示。

表4.5 结构方程模型检验结果

| 作用路径 | 标准化路径系数 | 显著水平 | 理论假设 | 是否支持 |
|---|---|---|---|---|
| 网络同辈群体因素→教育效果 | 0.426*** | 0.001 | H1 | 是 |
| 网络同辈群体因素→行为参与 | 0.373*** | 0.001 | H1a | 是 |
| 网络同辈群体因素→情感参与 | 0.213** | 0.001 | H1b | 是 |
| 网络同辈群体因素→认知参与 | 0.183** | 0.01 | H1c | 是 |
| 教育因素→教育效果 | 0.086 | 不显著 | H2 | 否 |
| 教育因素→行为参与 | 0.337*** | 0.001 | H2a | 是 |
| 教育因素→情感参与 | 0.286*** | 0.001 | H2b | 是 |
| 教育因素→认知参与 | 0.311*** | 0.001 | H2c | 是 |
| 行为参与→教育效果 | 0.431*** | | H3 | 是 |
| 情感参与→教育效果 | 0.388*** | 0.001 | H4 | 是 |
| 认知参与→教育效果 | 0.169* | 0.05 | H5 | 是 |

根据表4.5的结果可知，本文所构建的11条路径中，除外在因素→教育效果（H2）的路径不显著外其他路径均显著，假设H1、H1a、H1b、

H1c、H2a、H2b、H2c、H3、H4、H5 通过检验。

（三）研究结论

大学生网络同辈群体思想政治教育是多种要素耦合的结果。本研究利用线性回归模型和结构方程模型详细分析影响因素工作机制，从测试结果可以看出，网络同辈群体因素可以直接预测教育效果，校园文化因素则不能直接预测教育效果，而是通过行为参与、情感参与、认知参与作为中介来预测教育效果，具体分析如下：

第一，网络同辈群体因素可以直接预测教育效果。

结构方程分析结果表明网络同辈群体因素对教育效果的预测达到了显著性水平，这与已有研究成果相一致[①]。网络同辈群体具有组建快捷性、沟通即时性、交流平等性和群体参与性等特点[②]，比较符合新时代大学生的心理行为特征，可以提供思想政治教育内容的快速传播通道，可见网络同辈群体是高校开展思想政治教育工作的新载体新路径。从具体的工作机制来看，意见领袖素质直接决定了群内活动的主题是否积极健康，群体管理模式决定了成员参与热情的高低，群体运行规则决定了活动主题的发展走向，三者共同耦合决定了网络同辈群体因素对思想政治教育效果的影响。高校教育管理部门应该重视网络同辈群体因素对思想政治教育效果的直接影响作用，加强对意见领袖素质的培养、群体管理模式和群体运行规则的引导和监督，使"非正式"的网络同辈群体与正式的思想政治教育具有相同的价值标准。

第二，教育因素不能直接预测教育效果。

---

① 程池超，雷贵荣．微信社群对高校思想政治教育的影响及提升效力策略［J］．河海大学学报（哲学社会科学版），2017（6）：25-29，86．
② 李晓光，闫华．大学生思想政治教育的学习型网络社群构建研究［J］．思想教育研究，2019（6）：109-113．

结构方程分析结果表明学校教育因素对教育效果的预测效果未达到显著性水平。从现有的研究成果来看①②，学术界已经认识到网络同辈群体是思想政治教育工作的新载体，也进行了相关的理论探索。本研究则进一步从实践角度证明这种认识还停留在理论探索阶段，还没有转换为成熟的实践操作模式。虽然教育者已经能够把网络同辈群体作为开展思想政治教育工作的对象，开始正确地认识网络同辈群体的价值，但尚缺乏网络同辈群体思想政治教育工作的相关经验，部分教育工作者还没有完全接纳这些"非官方""非正式"的网络同辈群体，带有一定的刻板印象。高校虽然倡导教育工作者要善用网络，但在具体的软硬件投入、培训机制、队伍建设等方面并没有成体系的规划，这也导致教育因素对网络同辈群体有陌生感和压力感。因此高校要重视教育因素的改善，通过专项培训提升教育者的综合素质，加强网络同辈群体校园文化活动建设、网络舆论的监督与管理，提升学校教育因素对教育效果的积极影响。

第三，行为参与、情感参与、认知参与在网络同辈群体因素和教育因素对教育效果的影响中起中介作用。

结构方程分析结果表明网络同辈群体因素除了直接影响教育效果外，还可以通过行为参与、情感参与、认知参与作为中介来影响教育效果，而教育因素更是完全通过行为参与、情感参与、认知参与作为中介来影响教育效果。正如马克思指出外因要通过内因才能发挥作用，行为参与、情感参与、认知参与就是影响教育效果的内因。网络同辈群体的管理主体是学生而非老师，学生的价值观、思想和行为模式直接决定了学生在网络同辈群体中的行为，个体的行为习惯具有重要的影响意义。网络同辈群体的运

---

① 张璐斯. 运用大学网络社群创新高校思想政治教育研究［J］. 学校党建与思想教育，2019（2）：68-69.
② 富旭. 网络社群环境下思想政治教育模式的构建［J］. 思想理论教育，2017（7）：79-82.

行中行为参与是基础，认知参与是深化，情感参与是升华，三者同时运行就能共振共鸣，提升大学生网络同辈群体思想政治教育的效果。因此高校要注重学生主体能动性的调动与培养，通过各类课程宣传引导大学生树立正确的世界观、人生观、价值观，培养网络同辈群体中的行为参与、情感参与、认知参与，更好地发挥行为参与、情感参与、认知参与在网络同辈群体思想政治教育工作中的积极作用。

## 第二节　大学生网络同辈群体思想政治教育效果调查与分析

根据前文对大学生网络同辈群体思想政治教育影响因素的分析，本研究对当前大学生网络同辈群体思想政治教育现状进行分析和评价。通过文献分析、专家访谈、学生座谈等方法，确定了大学生网络同辈群体思想政治教育效果评价的4个维度，即认知调控、行为调控、态度引导和思想引导。对效果评价的4个维度进行操作化定义和测量，编制了"大学生网络同辈群体思想政治教育效果问卷"，问卷的信度和效度良好。通过问卷调查发现，大学生网络同辈群体思想政治教育在认知调控和态度引导维度起到了较好的作用，而在思想引导和行为调控维度差强人意，同时在统计学变量方面存在显著的差异。

**一、大学生网络同辈群体思想政治教育效果问卷编制**

随着网络信息技术的迅猛发展，大学生的社交活动也由现实的面对面交流转向虚拟的"键对键"交流，微信群、QQ群、朋友圈以及其他各类社交群体已经成为当代大学生的交流互动空间。学术界对这些网络同辈群体也经历了非正式群体、亚文化群体再到思想政治教育新空间、新载体的认识历程，大学生网络同辈群体思想政治教育已经成为高校思想政治教育工作的新阵地。因此本研究通过编制大学生网络同辈群体思想政治教育效果评价问卷来调查分析其发展现状。

（一）研究思路

本研究通过访谈法了解大学生网络同辈群体思想政治教育开展的现实状况，归纳出评价体系的内容，借鉴其他学者的研究成果，编制自陈式调查问卷，用以测量和评价大学生网络同辈群体思想政治教育开展的结果。具体思路与"大学生网络同辈群体思想政治教育影响因素调查问卷"相一致，此处不做重复叙述。

（二）问卷的编制

目前学术界评价思想政治教育效果主要采用问卷调查量化分析，依据教育效果量化指标的是否显著和显著程度来检验思想政治教育活动是否实现了预期目标[①]。但相关学者也提出这种研究方式容易造成效果评估的"思想遮蔽"而影响其可信性[②]。因此本研究遵循定性分析和定量分析相结合的范式，采用定性分析界定大学生网络同辈群体思想政治教育效果评价的理论维度，规避抽象性认识论的局限，再依据大学生网络同辈群体思想政治教育效果评价的理论维度，编制问卷规避量化分析的方法论局限。

第一，大学生网络同辈群体思想政治教育效果调查问卷的质性分析。

扎根理论（Grounded Theory）由哥伦比亚大学的斯特劳斯（Strauss）和格拉斯（Glaser）于1967年提出，是质性分析的一种经典研究方法。其理论

---

① 宇文利. 论思想政治教育效度的测评 [J]. 思想理论教育导刊, 2010 (3): 79-83.
② 华为国, 任小艳. 思想政治教育效果评价标准的理性审视 [J]. 思想理论教育, 2013 (15): 33-38.

特点为不做理论假设，而是在原始经验材料的分析基础上建构升华新的理论[①]。本研究按照扎根理论来设计大学生网络同辈群体思想政治教育效果评价的初测问卷，采用自下而上的理论构建方法，通过分析原始材料和实验证据来寻找反映大学生网络同辈群体思想政治教育效果评价指标体系的核心理论内容，构建效果评价指标。

运用开放式问卷来调查大学生网络同辈群体思想政治教育效果评价指标的基本内容。按照前文对大学生网络同辈群体思想政治教育的概念界定和学术界对传统思想政治教育效果的论著，从现实价值、正面价值、直接价值、个体价值和社会价值等[②]，多视角编制开放式问卷题目。针对思想政治理论课教师、辅导员的题目如"您是否曾经或正在通过学生干部直接或间接利用学生微信群、QQ群、朋友圈等开展思想引导、行为教育、心理健康、日常管理等工作，您认为这种方式对工作开展是否有帮助，具体有哪些帮助？对学生的思想状态、行为规范等是否有积极的作用，具体有什么作用？"针对在校大学生的题目如"请您思考一下，老师、学生干部、同学等通过微信群、QQ群、朋友圈等通知或者转发的内容，是否对你有影响？具体在学习、生活、价值观、认知、行为等方面有何影响？"

开放式问卷调查样本：思想政治理论课教师、辅导员的被试来自辽宁省四所高校的一线教师，共24人，包括本科院校16人、高职院校8人，其中男性7人、女性17人，含硕士生导师5人，被试年龄在26—45岁之间。在校大学生的被试来自大连市的四所高校，共50人，其中大一14人、大二13人、大三14人、大四9人，其中男生21人、女生29人，被试年龄在18—24岁之间。

---

① 陈向明. 扎根理论的思路和方法 [J]. 教育研究与实验, 1999 (4): 58-63, 73.
② 张耀灿, 郑永廷, 吴潜涛, 等. 现代思想政治教育学 [M]. 北京: 人民出版社, 2006: 169-186.

依据扎根理论的工作流程，对开放式问卷调查内容进行梳理分析[①]，选取具有代表性的词语作为关键词，并对其进行分类、聚合、编码，初步确定大学生网络同辈群体思想政治教育效果评价指标体系应包括爱国情感影响、人生观影响、学习态度影响、价值观影响、道德纪律规范等内容。

在开放式问卷调查的基础上进行半结构化访谈，校正开放式问卷调查的结果。根据开放式问卷调查的结果，设计半结构化访谈提纲，共10个问题，围绕大学生网络同辈群体思想政治教育效果展开。如谈一谈你对班级同学微信群里转发的时事要闻的看法，谈一谈你对老师在群里发布的学校思政工作内容的看法。在访谈过程中，根据不同的回答内容提出适当的探索性问题，丰富访谈文本内容。

半结构化访谈调查样本：被试来自大连市三所本专科高校，共计36人，其中本科院校25人、高职院校11人；男生14人、女生22人，被试年龄在18—21岁之间。

梳理半结构化访谈文本，围绕大学生网络同辈群体思想政治教育效果这一主题，对访谈文本进行编码，探索具体的评价指标维度。通过对比发现半结构化访谈的结果与开放式问卷的结果大同小异，证明本研究汇总归纳的结果一致，主要也体现在学生的思想动态、道德行为规范、人生观、价值观等方面。

初步确定效果评价指标结构维度，初步编制原始问卷。综合开放式问卷调查和半结构化访谈的结果确定的效果评价指标，分析及参考相关的调查问卷，编制了30个项目的初步问卷。在思想政治理论课课堂上随机抽取50名学生进行问卷的通俗度检验，检验发现其中有4个项目存在歧义，对相关项目进行删除，同时对其他项目也根据通俗度检验的结果进行了修改与完善，最终确定大学生网络同辈群体思想政治教育效果调查的初测问

---

① 陈向明. 扎根理论的思路和方法[J]. 教育研究与实验, 1999 (4): 58-63, 73.

卷有 26 个题目，问卷采用 1（非常不符合）—5（非常符合）点的他评计分方式，得分越高说明大学生网络同辈群体思想政治教育效果越好。

第二，大学生网络同辈群体思想政治教育效果调查问卷的量性分析。

为分析大学生网络同辈群体思想政治教育效果调查问卷的信度和效度，本研究对初步编制问卷进行量性分析，从统计学角度进一步精细化量表项目。采用 SPSS 22.0 软件对问卷进行项目分析，检验总体信度系数、探索性因素分析删减不合适项目、信度和效标效度的分析，采用 AMOS 21.0 对问卷进行验证性因素分析。通过量性分析确定最终调查问卷。

对调查问卷进行项目分析和探索性因素分析：

使用经过通俗度检验的初步编制原始问卷对大连市三所大学思政课堂上的 365 名大学生进行问卷调查，回收有效问卷 326 份，有效率为 89.4%，其中大一 125 人、大二 116 人、大三 85 人；男生 159 人、女生 167 人；文科 137 人，理工科 189 人，年龄 18—24 岁之间。

调查问卷数据结果的项目分析。数据样本的总体信度系数分析显示整体 Cronbach's α 系数为 0.89，各个项目与总分之间的相关系数在 0.47-0.78 之间，单个项目与总分之间的相关系数没有小于 0.30，故没有删减项目。

调查问卷数据结果的探索性因素分析。数据样本结果的因素分析可行性检验结果显示，问卷的 KMO = 0.84，Bartlett 球形检验的 $\chi^2$ = 13496.35（$p<0.01$），该数据样本结果可以进行探索性因素分析。运用主成分分析法和 Promax 斜交旋转，初次旋转后有四个因素维度的特征根值大于 1，方差解释量为 72.35%。对满足共进度≤0.30、两个因素维度的载荷绝对值之差≤0.05、结构矩阵中项目载荷≤0.50 的三个指标中任一项的项目进行删除，单个项目删除重复探索性因素分析，经过多轮因素分析，共删除 8 个项目，剩余 18 个项目归为四个维度，共解释了数据总体方差的 82.86%。

维度一包含4个项目,从4个项目的内容和质性研究的结果看,维度一主要反映了大学生网络同辈群体思想政治教育对大学生认知方面的影响,因此命名为"认知调控",项目的因子载荷在0.89~0.91之间,方差的解释率为61.15%。维度二包含5个项目,从5个项目的内容和质性研究的结果看,维度二主要反映了大学生网络同辈群体思想政治教育对大学生行为方面的影响,因此命名为"行为调控",项目的因子载荷在0.83-0.89之间,方差的解释率为8.23%。维度三包含4个项目,从4个项目的内容和质性研究的结果看,维度三主要反映了大学生网络同辈群体思想政治教育对大学生态度方面的影响,因此命名为"态度引导",项目的因子载荷在0.85-0.91之间,方差的解释率为7.25%。维度四包含4个项目,从4个项目的内容和质性研究的结果看,维度四主要反映了大学生网络同辈群体思想政治教育对大学生思想方面的影响,因此命名为"思想引导",项目的因子载荷在0.83-0.89之间,方差的解释率为6.23%。各维度项目的具体载荷和共进度详见表4.6。

表4.6 效果调查问卷探索性因素分析项目载荷与共同度表

| 认知调控 | | | 行为调控 | | | 态度引导 | | | 思想引导 | | |
| --- | --- | --- | --- | --- | --- | --- | --- | --- | --- | --- | --- |
| 项目 | 载荷 | 共进度 | 项目 | 载荷 | 共进度 | 项目 | 载荷 | 共进度 | 项目 | 载荷 | 共进度 |
| P2 | 0.91 | 0.88 | P10 | 0.89 | 0.80 | P20 | 0.91 | 0.84 | P22 | 0.89 | 0.81 |
| P4 | 0.91 | 0.88 | P13 | 0.89 | 0.79 | P17 | 0.89 | 0.81 | P26 | 0.87 | 0.77 |
| P6 | 0.90 | 0.87 | P9 | 0.88 | 0.77 | P19 | 0.89 | 0.79 | P24 | 0.84 | 0.74 |
| P1 | 0.90 | 0.86 | P8 | 0.85 | 0.75 | P15 | 0.85 | 0.76 | P25 | 0.83 | 0.72 |
| P7 | 0.89 | 0.86 | P14 | 0.83 | 0.74 | | | | | | |
| 解释率 | 61.15% | | 8.23% | | | 7.25% | | | 6.23% | | |

对调查问卷的维度结构验证性因素分析:

采用探索性因素分析删减后,是18个题目的问卷和效标问卷(采用刘丹等编制的社会主义核心价值观认同量表①),随机抽取大连市三所高校思政课上课的学生,发放调查问卷 600 份,回收有效问卷 537 份,问卷有效率 89.5%,其中大一 246 人、大二 183 人、大三 108 人,文科 224 人、理科 313 人,男生 238 人、女生 299 人,年龄在 17~24 岁。

运用 AMOS 21.0 对问卷的四维度结构进行验证,详见图 4.4,模型拟合良好($\chi^2$/df = 3.83,TLI = 0.95,GFI = 0.92,NFI = 0.95,CFI = 0.95,IFI = 0.95,REI = 0.93,RMSEA = 0.06)。

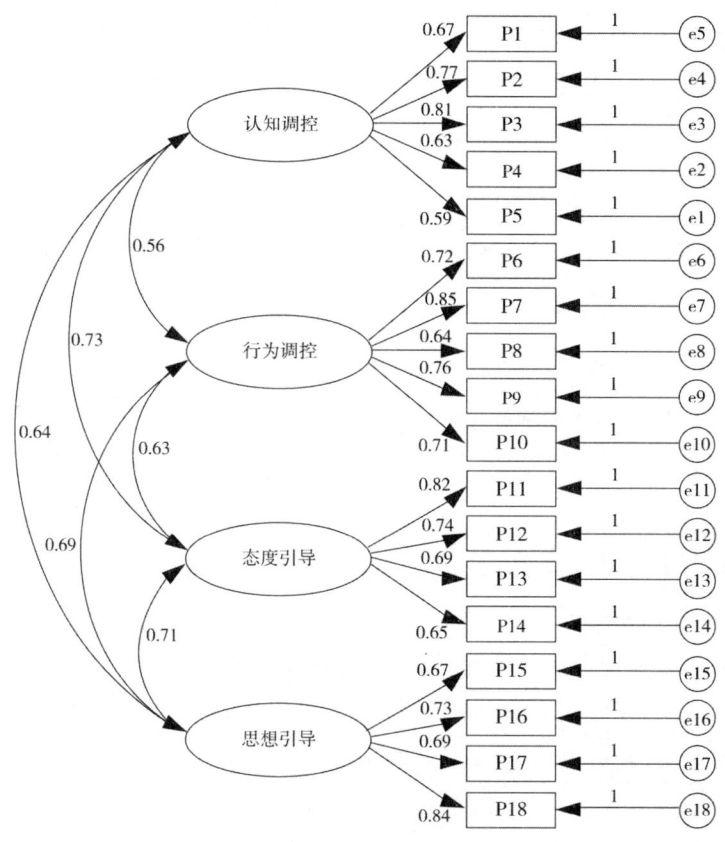

**图 4.4　大学生网络同辈群体思想政治教育效果问卷验证性因素分析模型**

---

① 王丹,刘畅,张振垚. 社会主义核心价值观认同量表的构建研究[J]. 北京教育(德育),2019(9):26-29.

积差相关分析的结果也表明，四个维度之间呈现正相关，相关系数总体在 0.53-0.14 之间（$p<0.01$），四个维度与总分呈现强正相关，相关系数在 0.81-0.89 之间。表明问卷的四个维度与总分之间关联性较强，具有一定的可信度。

检验最终编制问卷的外部效度和聚敛程度：

外部效度采用校标问卷进行检验，结果表示大学生网络同辈群体思想政治教育效果现实表达清楚，与社会主义核心价值观认同问卷呈现出显著正相关（详见表4.7），表明调查问卷具有良好的外部效度。

表4.7 大学生网络同辈群体思想政治教育效果问卷的效标关联效度检验表

|  | 效果总分 | 认知调控 | 行为调控 | 态度引导 | 思想引导 |
| --- | --- | --- | --- | --- | --- |
| 社会主义核心价值观认同 | 0.53** | 0.57** | 0.46** | 0.61** | 0.42** |

注：** $p<0.05$

聚敛效度则以因素负荷量和平均方差抽取量为检验指标，结果如表4.8所示。四个维度的因素载荷量总体在 0.59~0.85 并符合载荷量绝对值大于 0.5、数值在 -1 到 1 之间的标准，平均方差抽取量在 0.58~0.67 并符合数值大于 0.5 的标准，表明调查问卷符合聚敛效度标准。

表4.8 大学生网络同辈群体思想政治教育效果问卷聚敛效度检验表

|  | 因素负荷量 | 平均方差抽取量 |
| --- | --- | --- |
| 认知调控 | 0.59~0.81 | 0.58 |
| 行为调控 | 0.64~0.85 | 0.63 |
| 态度引导 | 0.65~0.82 | 0.62 |
| 思想引导 | 0.67~0.84 | 0.67 |

检验调查问卷的信度：

信度检验分别采用 Cronbach's α 系数、分半信度以及重测信度。其中重测信度在一个月后的课堂上对学生进行重测，经过数据对比共获得有效样本493份，其中男生216人、女生277人。如表4.9显示，自编大学生网络同辈群体思想政治教育效果问卷的Cronbach's α系数在0.81~0.89，分半信度在0.79~0.91，重测信度在0.76~0.88，表明自编调查问卷具有良好的信度。

表4.9 大学生网络同辈群体思想政治教育效果问卷的信度分析表

|  | 问卷总分 | 认知调控 | 行为调控 | 态度引导 | 思想引导 |
| --- | --- | --- | --- | --- | --- |
| Cronbach's α | 0.89 | 0.87 | 0.85 | 0.82 | 0.81 |
| 分半信度 | 0.86 | 0.91 | 0.84 | 0.81 | 0.79 |
| 重测信度 | 0.88** | 0.86** | 0.83** | 0.79** | 0.76** |

注：** $p<0.05$

（三）大学生网络同辈群体思想政治教育效果调查问卷的确定

经过质性分析和量性分析，本研究编制了"大学生网络同辈群体思想政治教育效果问卷"，该问卷信度和效度良好，可以满足本研究的基本要求。具体问卷项目见表4.10。

表4.10 大学生网络同辈群体思想政治教育效果问卷

| 指导语：请您回忆自己在微信、QQ、微博等网络平台的班级群、宿舍群、游戏群、社团群、兴趣爱好群等社群组织中的活动，下面是一些反映您在社群活动中行为的句子，请您做出相应的评价，在符合的题目后面划√。其中"1"代表"完全不符合"，"2"代表"不符合"，"3"代表"不确定"，"4"代表"符合"，"5"代表"完全符合"。 | |
| --- | --- |
| 1. 我能根据师长对网络热搜事件的分析来正确评价相关事件 | 1 2 3 4 5 |
| 2. 我会关注群内成员发布的规则信息并以此注意自己的言行 | 1 2 3 4 5 |
| 3. 我会从师长发布的社会发展进步的内容中感到幸福 | 1 2 3 4 5 |
| 4. 我会关注活跃成员发布的学习生活内容并产生正确的评价 | 1 2 3 4 5 |

续表

| | | | | | |
|---|---|---|---|---|---|
| 5. 我对活跃成员发布的励志人物事迹的感受是学习生活应该乐观积极 | 1 | 2 | 3 | 4 | 5 |
| 6. 我可以准确了解掌握师长发布的党的路线方针政策 | 1 | 2 | 3 | 4 | 5 |
| 7. 我能从师长发布的违纪案例中得到行为警示 | 1 | 2 | 3 | 4 | 5 |
| 8. 我认同活跃成员对不道德现象的谴责 | 1 | 2 | 3 | 4 | 5 |
| 9. 我认同群主发布的关于自我调整的相关信息 | 1 | 2 | 3 | 4 | 5 |
| 10. 我能够学习并理解活跃成员发布的理论学习内容 | 1 | 2 | 3 | 4 | 5 |
| 11. 我看到群内发布的爱心公益宣传后愿意奉献爱心 | 1 | 2 | 3 | 4 | 5 |
| 12. 我能从活跃成员介绍的学习方法中获得行动的方向 | 1 | 2 | 3 | 4 | 5 |
| 13. 我能从师长分享的革命先烈事迹中感觉到激励和鞭策 | 1 | 2 | 3 | 4 | 5 |
| 14. 我可以通过师长发布的学习方法来提高分析问题的能力 | 1 | 2 | 3 | 4 | 5 |
| 15. 我关注群主通报的违规行为并严格要求自己的行为 | 1 | 2 | 3 | 4 | 5 |
| 16. 我能够从师长对时事政治的分析中正确认识国内外形势 | 1 | 2 | 3 | 4 | 5 |
| 17. 我可以从活跃成员关于法律法规的讲述中提高守法意识 | 1 | 2 | 3 | 4 | 5 |
| 18. 我可以从群内成员发布的如何解决问题的内容中获得启示 | 1 | 2 | 3 | 4 | 5 |

认知调控维度：1、4、9、14、18

行为调控维度：2、7、12、15、17

态度引导维度：3、5、8、11

思想引导维度：6、10、13、16

## 二、大学生网络同辈群体思想政治教育效果问卷调查与样本结构

运用编制好的"大学生网络同辈群体思想政治教育效果问卷"，在全国范围内选取129所高校，将在校本科生（一般为18~24岁）作为研究对象，采用抽样的方式选取样本，对当前大学生网络同辈群体思想政治教育效果进行调查。考虑到不同学科、年级、性别等特点之间的区别，本调查选取了分地域、分层次、分学科的有代表性的高校，以求最大限度保证样

本能够反映中国当代大学生网络同辈群体思想政治教育的整体情况。在确定样本数量时，考虑到异地调查的回收率和有效性，采取了保守估计法，当置信区间为95%，允许误差为2%时，样本量应该为10000份。实际发放问卷13000份，通过网络问卷的形式发放，受访学校指导老师组织学生填写问卷并当场回收。剔除无效问卷后，收回有效问卷12635份，有效回收率97.2%，调查误差在2%左右（此次问卷回收截止时间2018年12月31日）。

分地域：根据我国的行政区划，除了港、澳、台、西藏以外，选取了全国30个省、自治区、直辖市的部分高校进行调研（见表4.11）。

分层次：根据我国高等教育体制，分别选取了985高校、211高校、省属高校、高职高专和民办院校等共129所高校进行调研（见表4.12）。

分学科：根据我国高等教育的学科划分，分别选取了综合类、理工类、财经类、农林类、师范类、医学类等不同学科或以不同学科为主的高校进行调研（见表4.13）。

表4.11 调研高校地域分布（按省份字母排序）

| 序号 | 省份（自治区、直辖市） | 数量 | 序号 | 省份（自治区、直辖市） | 数量 |
| --- | --- | --- | --- | --- | --- |
| 1 | 安徽 | 3 | 16 | 江西 | 3 |
| 2 | 北京 | 3 | 17 | 辽宁 | 35 |
| 3 | 福建 | 3 | 18 | 内蒙古 | 3 |
| 4 | 甘肃 | 3 | 19 | 宁夏 | 1 |
| 5 | 广东 | 4 | 20 | 青海 | 2 |
| 6 | 广西 | 3 | 21 | 山东 | 4 |
| 7 | 贵州 | 3 | 22 | 山西 | 4 |
| 8 | 海南 | 2 | 23 | 陕西 | 3 |
| 9 | 河北 | 4 | 24 | 上海 | 4 |

续表

| 序号 | 省份（自治区、直辖市） | 数量 | 序号 | 省份（自治区、直辖市） | 数量 |
|---|---|---|---|---|---|
| 10 | 河南 | 4 | 25 | 四川 | 3 |
| 11 | 黑龙江 | 4 | 26 | 天津 | 3 |
| 12 | 湖北 | 4 | 27 | 新疆 | 4 |
| 13 | 湖南 | 4 | 28 | 云南 | 4 |
| 14 | 吉林 | 2 | 29 | 浙江 | 3 |
| 15 | 江苏 | 4 | 30 | 重庆 | 3 |

表 4.12  调研高校名录（按高校所在省份字母排序）

| 序号 | 学校名称 | 序号 | 学校名称 | 序号 | 学校名称 |
|---|---|---|---|---|---|
| 1 | 安徽科技学院 | 44 | 湖南工学院 | 87 | 大连财经学院 |
| 2 | 皖西学院 | 45 | 长春工业大学 | 88 | 沈阳药科大学 |
| 3 | 安徽建筑大学 | 46 | 吉林建筑大学 | 89 | 赤峰学院 |
| 4 | 中华女子学院 | 47 | 常州工学院 | 90 | 内蒙古民族大学 |
| 5 | 北京建筑大学 | 48 | 宿迁学院 | 91 | 内蒙古大学创业学院 |
| 6 | 外交学院 | 49 | 江苏第二师范大学 | 92 | 宁夏师范学院 |
| 7 | 福州大学 | 50 | 南京大学 | 93 | 青海大学 |
| 8 | 福州师范大学 | 51 | 华东交通大学 | 94 | 青海大学昆仑学院 |
| 9 | 福建农林大学 | 52 | 江西理工大学 | 95 | 山东农业大学 |
| 10 | 兰州工业学院 | 53 | 赣南师范大学 | 96 | 潍坊医学院 |
| 11 | 甘肃民族师范学院 | 54 | 辽宁医药职业学院 | 97 | 烟台职业学院 |
| 12 | 兰州理工大学 | 55 | 大连理工大学 | 98 | 中国石油大学 |
| 13 | 暨南大学 | 56 | 东北大学 | 99 | 山西财经大学 |
| 14 | 佛山科学技术学院 | 57 | 辽宁大学 | 100 | 山西农业大学 |
| 15 | 广东财经大学 | 58 | 大连海事大学 | 101 | 太原工业学院 |
| 16 | 广州大学松田学院 | 59 | 东北财经大学 | 102 | 太原理工大学 |

续表

| 序号 | 学校名称 | 序号 | 学校名称 | 序号 | 学校名称 |
|---|---|---|---|---|---|
| 17 | 南宁师范大学 | 60 | 大连医科大学 | 103 | 延安大学 |
| 18 | 广西科技大学 | 61 | 大连外国语大学 | 104 | 西安工业大学 |
| 19 | 广西中医药大学 | 62 | 大连海洋大学 | 105 | 长安大学 |
| 20 | 贵州师范学院 | 63 | 大连工业大学 | 106 | 华东理工大学 |
| 21 | 遵义医科大学 | 64 | 大连大学 | 107 | 上海外国语大学 |
| 22 | 贵州商学院 | 65 | 辽宁警察学院 | 108 | 上海财经大学 |
| 23 | 海南热带海洋学院 | 66 | 沈阳航空航天大学 | 109 | 同济大学 |
| 24 | 三亚学院 | 67 | 沈阳师范大学 | 110 | 成都医学院 |
| 25 | 邯郸学院 | 68 | 辽宁师范大学 | 111 | 四川旅游学院 |
| 26 | 石家庄铁道学院 | 69 | 沈阳音乐学院 | 112 | 四川民族学院 |
| 27 | 保定学院 | 70 | 渤海大学 | 113 | 天津大学 |
| 28 | 唐山师范学院 | 71 | 抚顺职业技术学院 | 114 | 南开大学 |
| 29 | 河南科技学院 | 72 | 辽阳职业技术学院 | 115 | 天津财经大学 |
| 30 | 郑州大学 | 73 | 大连职业技术学院 | 116 | 石河子大学 |
| 31 | 河南师范大学 | 74 | 大连民族大学 | 117 | 新疆大学 |
| 32 | 信阳师范学院 | 75 | 沈阳化工大学 | 118 | 伊犁师范学院 |
| 33 | 哈尔滨工程大学 | 76 | 沈阳大学 | 119 | 红河学院 |
| 34 | 黑龙江大学 | 77 | 大连科技学院 | 120 | 云南中医学院 |
| 35 | 黑龙江工程学院 | 78 | 辽宁对外经贸学院 | 121 | 云南师范大学 |
| 36 | 黑河学院 | 79 | 大连东软信息学院 | 122 | 昆明理工大学津桥学院 |
| 37 | 长江大学 | 80 | 大连艺术学院 | 123 | 云南交通职业技术学院 |
| 38 | 武汉纺织大学 | 81 | 沈阳工业大学 | 124 | 浙江大学 |
| 39 | 中南财经政法大学 | 82 | 辽宁中医药大学 | 125 | 浙江海洋大学 |
| 40 | 中国地质大学 | 83 | 中国医科大学 | 126 | 杭州电子科技大学 |
| 41 | 湖南女子学院 | 84 | 沈阳农业大学 | 127 | 重庆医科大学 |
| 42 | 湖南工程学院 | 85 | 辽宁科技大学 | 128 | 重庆师范大学 |
| 43 | 湖北中医药大学 | 86 | 鲁迅美术学院 | 129 | 重庆人文科技学院 |

表 4.13 调研高校学科属性

| 序号 | 高校学科属性 | 数量 | 涉及省份个数 |
| --- | --- | --- | --- |
| 1 | 综合性 | 45 | 22 |
| 2 | 理工类 | 34 | 18 |
| 3 | 医学类 | 12 | 8 |
| 4 | 财经类 | 7 | 7 |
| 5 | 语言类 | 2 | 2 |
| 6 | 师范类 | 15 | 13 |
| 7 | 艺术类 | 3 | 1 |
| 8 | 农林类 | 4 | 4 |
| 9 | 民族类 | 3 | 3 |
| 10 | 特殊类别（女子、外交、警察学院） | 4 | 3 |

参与调研的学生自然情况（见表 4.14）为男生 5424 人、女生 7211 人，分别占比 42.93% 和 57.07%，性别比例比较合理。在年级的分布上，主要集中在大一、大二和大三，大五的学生主要是医学和建筑学方面，学生较少，符合此次问卷调查高校的基本情况。在这些学生中，党员不足 10%，大学生入党，主要是大三以后比较多，还有 1398 位同学为普通群众，政治面貌这方面十分符合学生在校的基本情况。受调查的学生中，学生干部与非学生干部的比例基本持平。在学科分布上，学生最多的是文科生，占了受调查学生的三分之一，其次是工科生约 28%，理科学生约 20%，医学、农学、艺术类及其他学科均不足 10%，学科分布符合高校整体情况。

表 4.14 样本自然情况分布

| | 类别 | 人数 | 比率（%） |
|---|---|---|---|
| 性别 | 男 | 5424 | 42.93 |
| | 女 | 7211 | 57.07 |
| 年级 | 大一 | 4732 | 37.45 |
| | 大二 | 3957 | 31.32 |
| | 大三 | 2401 | 19.01 |
| | 大四 | 1545 | 12.22 |
| 政治面貌 | 党员 | 1104 | 8.74 |
| | 团员 | 10133 | 80.20 |
| | 群众 | 1398 | 11.06 |
| 是否为学生干部 | 是 | 5913 | 46.80 |
| | 否 | 6722 | 53.20 |
| 专业 | 文科 | 4287 | 33.93 |
| | 理科 | 2425 | 19.19 |
| | 工科 | 3467 | 27.44 |
| | 医学 | 1123 | 8.89 |
| | 其他 | 1333 | 10.55 |

在大学生网络同辈群体（见表4.15样本群体情况）的基本情况调查中发现，51.10%的网络同辈群体是有明确的领袖或核心人物，但有48.90%的群体是没有核心领袖或核心人物的。在学生们选择的网络同辈群体类型中，大学生参与最多的是情感型和兴趣型群体，分别有7523人和7271人选择，从这个选择中我们可以看出，学生加入网络同辈群体，首要的目的是兴趣和内心情感的需求。其次是娱乐型和学习型，分别有6569人和4837人选择，可以看出，学生加入网络同辈群体是为了娱乐放松和个人的学习爱好；而选择消费型和其他方面的网络同辈群体的学生较少，说明大学生的消费观受网络同辈群体影响不大。从成员的人数上看，参与31—120人、120人以上的网络同辈群体的学生较多，均在5000人左右，

说明学生参与的网络同辈群体人数较多,3~7人这样的小型群体,学生选择最少。大学生对网络群体的需求,还是以中型人数的群体或专业型群体为主要需求对象。学生选择的网络同辈群体类型主要集中在兴趣型群体和情感型群体,与实际情况比较相符。

表4.15 样本群体情况

| | 类别 | 人数 | 比率(%) |
|---|---|---|---|
| 群体中是否有领袖或核心人物 | 有 | 6456 | 51.10 |
| | 没有 | 6179 | 48.90 |
| 所在的网络同辈群体类型 | 娱乐型 | 6569 | 51.99 |
| | 情感型 | 7523 | 59.54 |
| | 学习型 | 4837 | 38.28 |
| | 消费型 | 2422 | 19.16 |
| | 兴趣型 | 7271 | 57.54 |
| | 其他类型 | 2903 | 22.97 |
| 所在网络同辈群体成员人数 | 3~7人 | 1985 | 15.71 |
| | 8~30人 | 3638 | 28.79 |
| | 31~120人 | 5094 | 40.31 |
| | 120人以上 | 4489 | 35.53 |

### 三、大学生网络同辈群体思想政治教育效果数据分析

(一)大学生网络同辈群体思想政治教育效果的总体分析

大学生网络同辈群体思想政治教育效果问卷采用1~5积分制,得分越高说明该维度的教育效果越好(见表4.16)。计分方式采取里科特5级量表,分别以"1、2、3、4、5"等计分,统计有效率方面,借鉴佘双好的

统计方法①②,可以认为维度均分在 3 分以上的为有效,低于或等于 3 分为无效,有效率越高也表明该维度的教育效果越好。

表 4.16 大学生网络同辈群体思想政治教育效果问卷统计分析表

|  | 均值 | 标准差 | 有效数 | 有效率 |
| --- | --- | --- | --- | --- |
| 认知调控 | 3.96 | 0.82 | 8217 | 65.03% |
| 行为调控 | 3.27 | 0.61 | 6983 | 55.27% |
| 态度引导 | 3.88 | 0.79 | 7584 | 60.02% |
| 思想引导 | 3.12 | 0.64 | 6765 | 53.54% |
| 总体效果 | 3.55 | 0.73 | 7698 | 60.92% |

根据表 4.16 中的数据分析结果,总体来看大学生网络同辈群体思想政治教育效果的平均值为 3.55 分、有效率为 60.92%。从各维度看,认知调控维度的平均值为 3.96 分、有效率为 65.03%;行为调控维度的平均值为 3.27 分、有效率为 55.27%;态度引导维度的平均值为 3.88 分、有效率为 60.02%;思想引导维度的平均值为 3.12 分、有效率为 53.54%。因此可以初步认定,当前大学生网络同辈群体思想政治教育取得了一定的效果,但效果待进一步提升。

(二)大学生网络同辈群体思想政治教育效果的差异性分析

第一,性别的差异性分析。

将样本按照男生和女生分为两组对大学生网络同辈群体思想政治教育效果的四个维度进行均值统计和独立样本 T 检验,具体结果详见表 4.17。

---

① 佘双好,李秀,魏晓辉. 不同社会群体对中国特色社会主义理论体系认同分析 [J]. 江西师范大学学报(哲学社会科学版),2017 (2):6-15.
② 佘双好. 大学生中实施中国特色社会主义理论体系普及计划的影响因素分析 [J]. 高校辅导员,2015 (6):3-7.

表 4.17 性别差异分析的独立样本 T 检验统计表

|   | 认知调控 | 行为调控 | 态度引导 | 思想引导 |
|---|---|---|---|---|
| 男 | 3.43 | 3.19 | 3.18 | 3.04 |
| 女 | 4.36 | 3.33 | 4.41 | 3.18 |
| t | -2.37* | -0.43 | -2.53* | -0.45 |

注：*表示 $p<0.05$

表 4.17 中数据可知，男女大学生在大学生网络同辈群体思想政治教育效果认知调控维度的 t 值为-2.37、态度引导维度的 t 值为-2.53，在这两个维度的统计学差异达到了显著程度，而在行为调控和思想引导维度的统计学差异未达到显著程度。结果表明，大学生网络同辈群体思想政治教育的认知调控、态度引导方面，女大学生强于男大学生，而在行为调控和思想引导方面效果相同。

第二，年级的差异性分析。

将样本按照学生年级大一、大二、大三和大四，分为四组对大学生网络同辈群体思想政治教育效果的四个维度进行均值统计和单因素方差分析（ANOVA），具体结果详见表 4.18。

表 4.18 年级差异分析的单因素方差分析（ANOVA）统计表

|   | 认知调控 | 行为调控 | 态度引导 | 思想引导 |
|---|---|---|---|---|
| 大一 | 4.03 | 3.36 | 4.32 | 3.17 |
| 大二 | 4.34 | 3.07 | 3.63 | 3.03 |
| 大三 | 3.27 | 2.96 | 3.43 | 3.16 |
| 大四 | 3.84 | 3.98 | 3.87 | 3.13 |
| F | 17.74* | 24.59* | 11.63* | 0.96 |

注：*表示 $p<0.05$

表 4.18 中数据可知，不同年级学生在大学生网络同辈群体思想政治教育效果的认知调控、行为调控、态度引导维度的统计学差异达到了显著程度，而在思想引导维度的统计学差异未达到显著程度。为进一步详细分

析不同年级之间的差异,采用方差分析最小显著性差法(LSD-t 检验)对数据继续进行两两比较,发现认知调控维度大二与大三的均值差(Mean Difference)为 1.43(显著性系数为 0.008<0.05),说明大二学生的认知调控效果好于大三学生;行为调控维度大三与大四的均值差(Mean Difference)为-1.21(显著性系数为 0.003<0.05),说明大四学生的行为调控效果好于大三学生;态度引导维度大一与大三的均值差(Mean Difference)为 0.97(显著性系数为 0.011<0.05),说明大一学生的态度引导效果好于大三学生。思想引导维度各年级之间差异不显著。

第三,政治面貌的差异性分析。

将样本按照学生党员、团员和群众分为三组,对大学生网络同辈群体思想政治教育效果的四个维度进行均值统计和单因素方差分析(ANOVA),具体结果详见表 4.19。

表 4.19 政治面貌差异分析的单因素方差分析(ANOVA)统计表

|  | 认知调控 | 行为调控 | 态度引导 | 思想引导 |
| --- | --- | --- | --- | --- |
| 党员 | 4.37 | 3.37 | 3.95 | 4.05 |
| 团员 | 3.98 | 3.28 | 3.89 | 3.04 |
| 群众 | 3.49 | 3.12 | 3.75 | 2.97 |
| F | 13.43* | 1.37 | 1.29 | 11.67* |

注:*表示 $p<0.05$

表 4.19 中数据可知,不同政治面貌学生在大学生网络同辈群体思想政治教育效果的认知调控、思想引导维度的统计学差异达到了显著程度,而在行为调控、态度引导维度的统计学差异未达到显著程度。为进一步详细分析不同政治面貌学生之间的差异,采用方差分析最小显著性差法(LSD-t 检验)对数据继续进行两两比较,发现在大学生网络同辈群体思想政治教育效果的认知调控维度上,党员与群众的均值差(Mean Difference)为 1.37(显著性系数为 0.003<0.05),说明党员学生的认知调

控效果好于群众；思想引导维度党员与团员、群众的均值差（Mean Difference）分别为 1.57（显著性系数为 0.001<0.05）、1.64（显著性系数为 0.001<0.05），说明党员学生的思想引导效果好于团员和群众学生；行为调控、态度引导维度不同政治面貌学生之间差异不显著。

第四，是否学生干部的差异性分析。

将样本按照学生干部和不是学生干部分为两组，对大学生网络同辈群体思想政治教育效果的四个维度进行均值统计和独立样本 T 检验，具体结果详见表 4.20。

表 4.20 是否学生干部差异分析的独立样本 T 检验统计表

|  | 认知调控 | 行为调控 | 态度引导 | 思想引导 |
| --- | --- | --- | --- | --- |
| 是 | 4.07 | 3.76 | 4.01 | 3.53 |
| 否 | 3.86 | 2.84 | 3.77 | 2.76 |
| t | 0.53 | 2.87* | 0.74 | 2.74* |

注：*表示 $p<0.05$

表 4.20 中数据可知，是否学生干部大学生在大学生网络同辈群体思想政治教育效果行为调控维度的 t 值为 2.87、思想引导维度的 t 值为 2.74，在这两个维度的统计学差异达到了显著程度，而认知调控和态度引导维度的统计学差异未达到显著程度。结果表明，大学生网络同辈群体思想政治教育的行为调控、思想引导方面，学生干部好于普通同学，而在认知调控和态度引导方面效果相同。

第五，专业的差异性分析。

将样本按照文科、理科、工科、医学和其他分为五组对大学生网络同辈群体思想政治教育效果的四个维度进行均值统计和单因素方差分析（ANOVA），具体结果详见表 4.21。

表 4.21 专业差异分析的单因素方差分析（ANOVA）统计表

|  | 认知调控 | 行为调控 | 态度引导 | 思想引导 |
| --- | --- | --- | --- | --- |
| 文科 | 4.37 | 2.93 | 4.05 | 3.55 |
| 理科 | 3.53 | 3.63 | 3.69 | 2.89 |
| 工科 | 3.65 | 3.55 | 3.77 | 2.67 |
| 医学 | 4.13 | 3.13 | 3.93 | 3.16 |
| 其他 | 4.08 | 3.09 | 3.92 | 3.29 |
| F | 17.27* | 15.54* | 1.13 | 14.37* |

注：*表示 $p<0.05$

表 4.21 中数据可知，不同专业学生在大学生网络同辈群体思想政治教育效果的认知调控、行为调控、思想引导维度的统计学差异达到了显著程度，而在态度引导维度的统计学差异未达到显著程度。

第六，是否有领袖或核心人物的差异性分析。

将样本学生按照有领袖或核心人物和无领袖或核心人物分为两组，对大学生网络同辈群体思想政治教育效果的四个维度进行均值统计和独立样本 T 检验，具体结果详见表 4.22。

表 4.22 是否有领袖或核心人物差异分析的独立样本 T 检验统计表

|  | 认知调控 | 行为调控 | 态度引导 | 思想引导 |
| --- | --- | --- | --- | --- |
| 有 | 4.27 | 3.48 | 4.14 | 3.42 |
| 无 | 3.64 | 3.05 | 3.61 | 2.81 |
| t | 2.15* | 1.98* | 2.03* | 2.74* |

注：*表示 $p<0.05$

表 4.22 中数据可知，有无领袖或核心人物的大学生网络同辈群体思想政治教育效果在认知调控、行为调控、态度引导和思想引导四个维度的统计学差异达到了显著程度。结果表明，有领袖或核心人物的大学生网络同辈群体思想政治教育的认知调控、行为调控、态度引导和思想引导四个维度均好于无领袖或核心人物。

第七，群体成员数量的差异性分析。

将样本学生按照所在网络同辈群体成员人数 3~7 个、8~30 个、31~120 个和 120 个以上分为四组，对大学生网络同辈群体思想政治教育效果的四个维度进行均值统计和单因素方差分析（ANOVA），具体结果详见表 4.23。

表 4.23 群体人数差异分析的单因素方差分析（ANOVA）统计表

|  | 认知调控 | 行为调控 | 态度引导 | 思想引导 |
| --- | --- | --- | --- | --- |
| 3~7 人 | 3.85 | 3.36 | 3.47 | 2.85 |
| 8~30 人 | 4.13 | 3.28 | 3.32 | 2.78 |
| 31~120 人 | 3.83 | 3.13 | 4.27 | 3.14 |
| 120 人以上 | 3.98 | 3.38 | 4.18 | 3.58 |
| F | 1.27 | 1.18 | 11.39* | 9.96* |

注：* 表示 $p<0.05$

表 4.23 中数据可知，不同网络同辈群体成员人数在大学生网络同辈群体思想政治教育效果的态度引导和思想引导维度的统计学差异达到了显著程度，在认知调控和行为调控维度的统计学差异未达到显著程度。

**四、大学生网络同辈群体思想政治教育效果变量差异讨论**

大学生网络同辈群体思想政治教育是一个多主体、多形式、多元化、多维度的复杂系统，每一个环节都具有独特的影响因素。本研究关于大学生网络同辈群体思想政治教育效果的统计学变量差异分析表明，网络同辈群体思想政治教育效果受其各环节要素的影响，呈现出一定的特征和规律。

（一）女大学生的网络同辈群体思想政治教育效果优于男大学生

数据分析结果表明女大学生的网络同辈群体思想政治教育效果在认知

调控、态度引导维度优于男大学生。从性别差异角度来看,对待网络同辈群体女大学生比男大学生更加感性,女大学生更愿意参与群体内部的交流、活动,更愿意从认知、情感等方面去理解和认识网络同辈群体思想政治教育内容;相反,男大学生则更愿意从理性的角度去分析网络同辈群体思想政治教育内容,因此在认知、情感方面相对低于女大学生,女大学生比男大学生的认知调控和态度引导效果好。在日后工作中,应该注意男、女大学生对网络同辈群体思想政治教育的认知和态度差异,探索和分析其具体原因和行为特征,加强男大学生的认知和态度培养,提升网络同辈群体思想政治教育的效果。

(二)不同年级的网络同辈群体思想政治教育效果差异显著

数据分析结果表明,大二学生的认知调控效果好于大三学生,大二学生比大一学生认知更成熟、比大四学生更注重个人的成长,而大三学生的认知习惯有可能已经养成,外部因素的变化对认知调控影响减弱;大四学生的行为调控效果好于大三学生,大三学生相比大一、大二学生对校园环境、规章制度、教师和管理人员比较熟悉,对很多活动认为自己已经十分清楚,导致个人对自己的了解失调、参与活动的积极性下降,而大四学生则更珍惜大学最后的时光,更注重行为调控的参与性;对于态度引导而言,大一学生对大学生活充满了好奇和憧憬,更愿意听从大学的教育管理安排,而到了大三阶段,很多事情已经基本有了定论,因而态度上很难引起重视。综合来看,高校应该针对不同年级的效果差异,采用不同的方式,提升网络同辈群体思想政治教育效果。

(三)党员的网络同辈群体思想政治教育效果高于团员和群众

数据分析结果表明党员的认知调控效果好于群众、思想引导效果好于团员和群众。党员的培养是一个从理论到实践、从思想到行动的全方位过程，党员的综合素质明显高于团员和群众。高校通过理论学习、社会实践、理论研讨等多种形式，宣传党史、党的理论知识，加强党员的思想意识、政治意识、大局意识教育，党员的思想觉悟也高于团员和群众。因而在网络同辈群体思想政治教育工作中能够担负起自己的职责，个人首先带头参与相关的活动，并发挥了模范带头的作用。但在行为控制和态度引导方面效果不显著，也说明党员在网络同辈群体思想政治教育工作中主动性还不够，需要进一步加强教育和培训，发挥党员的主观能动性，起到全面的带头作用。

(四) 学生干部的网络同辈群体思想政治教育效果好于非学生干部

数据分析结果表明，学生干部在行为调控和思想引导效果较好。学生干部作为教师开展工作的助手，是老师与学生之间的桥梁。在网络同辈群体中，学生干部也起着重要的中介作用，很多学校的通知和文件需要学生干部进行通知和宣传，同时学生干部还是很多网络同辈群体中的组建者或管理者，对网络同辈群体的风格和取向具有决定性的作用。高校应该重视学生干部队伍建设，既要组织学生干部培训，提高参与和主导网络同辈群体活动的能力；也要注重特色活动的开发设计，使学生干部能够在网络同辈群体思想政治教育中承担老师的代言人角色，提升网络同辈群体的管理水平。

(五) 不同学科专业的特点对网络同辈群体思想政治教育效果有一定的影响

数据分析结果表明，不同学科专业的学生在认知调控、行为调控和思想引导方面效果有显著的差异。不同学科专业的学生具有不同的认知、行为模式，既是网络同辈群体思想政治教育的依托，也是网络同辈群体思想政治教育的局限。文科生对理论学习和认知等抽象学习具有先天的优势，理科和工科学生更愿意通过逻辑和运算来看待网络同辈群体，也就造成了文科比理工科认知效果更好的现状。而行为调控方面则恰恰相反，理工科的实践思维好于文科生，因而理工科学生的行为调控效果显著高于文科生。思想引导也是同样的道理，文科生对思想理论知识的理解和掌握明显好于理工科学生。因而在网络同辈群体思想政治教育开展过程中，需要注意专业差异，采取符合专业特色的组织和教育形式，做到各美其美、美美与共。

（六）意见领袖对大学生网络同辈群体思想政治教育效果影响显著

数据分析结果表明，有核心人物或者意见领袖的网络同辈群体思想政治教育效果的认知调控、行为调控、态度引导、思想引导四个维度均好于无核心人物或者意见领袖的网络同辈群体。网络同辈群体是一种非正式、非官方的组织，群内活动是其运行逻辑。核心人物或者意见领袖可以主导网络同辈群体的舆论、组织成员的相关活动，起到群体实质核心的功能和作用。但网络同辈群体中的核心人物或者意见领袖具有耦合性，并不是通过选举或者任命产生的，而是自觉自发形成的，这也给网络同辈群体思想政治教育造成了更多的不确定性。高校需要重视核心人物或者意见领袖的培养，增强其思想政治意识，发挥其真正的主导作用。

（七）网络同辈群体的人数也对网络同辈群体思想政治教育效果具有重要的影响

数据分析结果表明，人数越多，态度引导、思想引导的效果越好。网络同辈群体中的主要活动是话题交流，单个成员或者部分成员发起话题讨论，其他成员参与话题讨论，形成群内的互动交流，形成了网络同辈群体活动模式。成员越多,参与话题的人数就越多,同样具有的核心人物或者意见领袖的人数也越多,群内成员越容易受话题主导者的引导,而形成相对正确的舆论氛围和政治思想。反之,网络同辈群体人数较少,群内的舆论方向容易受单个成员的影响,从而影响网络同辈群体思想政治教育效果。因此高校要注重人数较少的网络同辈群体的监督管理,提升人数少的网络同辈群体在认知调控和行为调控方面的工作水平,全面提升网络同辈群体思想政治教育效果。

## 第三节 大学生网络同辈群体思想政治教育影响因素及效果的基本结论

本章是在理论研究基础上,在全国范围内开展大学生网络同辈群体思想政治教育影响因素及效果调查与分析,制作相关问卷2套,涉及高校129所、学生过万人。总体调查效果较为良好,彰显出新时代大学生对网络的基本态度和基本使用情况。首先,在调查中发现,当前大学生网络同辈群体思想政治教育已经发挥了初步的作用。在大学生道德认知、价值取向、行为习惯等方面都产生了一定的积极影响,特别是学生干部和意见领袖的积极作用。大学生对待网络同辈群体、网络同辈群体意见领袖、网络同辈群体思想政治教育均有较为客观的认知和反馈。其次,少数大学生对网络同辈群体所处地位和作用存在差异和模糊界定,大学生网络同辈群的消极作用也对大学生产生了少量的不良影响,不良的影响在学业完成、游戏成瘾、诚信建设等方面会消极影响思想政治教育的积极效果,需要引起教育主管部门和相关专家、教育者的重视。最后,大学生网络同辈群体思想政治教育是内因和外因共同作用,需要在群体成员、教育者、高校、意见领袖等多方面成员的共同努力，才能实现其积极效果。

**一、网络空间成为大学生网络思想政治教育工作的重要阵地**

随着网络技术特别是移动网络技术的发展和智能手机的普及，网络空间已经成为当代大学生的重要活动空间。2022年8月中国互联网络信息中心（CNNIC）发布的《第50次中国互联网络发展状况统计报告》指出，截至2022年8月31日，中国网民规模达10.51亿①。在我国网民群体中，学生最多，占比为21.0%②；我国网民周均上网26.2小时③，其中游戏类的APP占比最多，占25.7%，其次为日常工具类、电子商务类等④。因此可以看出网络生活已经成为当下大学生学习生活的重要组成部分。教育者对手机和网络的认识也逐步从思想政治教育工作的"阻碍"向"新工具、新形式"再到"新空间"的转变，网络空间已经成为高校思想政治教育工作的新空间，并逐渐形成了"网络空间"和"现实空间"各占半壁江山的局面，甚至在局部工作中"网络空间"有超越替代"现实空间"的现象。面对时代的发展变化，思想政治教育工作也应该与时俱进，充分发挥网络的积极作用，实现网络思想政治教育工作者对手机和网络的认识从工具理性到价值理性的转变，"面对面"的思想政治教育工作向"键对键"的网络思想政治教育工作扩展。在新冠病毒肆虐的特殊"疫情"时期，全国的教学工作已暂时转移到线上进行，网络对教学工作产生了特殊影响，

---

① 中国互联网络信息中心（CNNIC）．第50次中国互联网络发展状况统计报告［M］．中国互联网络信息中心，2022：1．
② 中国互联网络信息中心（CNNIC）．第50次中国互联网络发展状况统计报告［M］．中国互联网络信息中心，2022：1．
③ 中国互联网络信息中心（CNNIC）．第50次中国互联网络发展状况统计报告［M］．中国互联网络信息中心，2022：1．
④ 中国互联网络信息中心（CNNIC）．第50次中国互联网络发展状况统计报告［M］．中国互联网络信息中心，2022：13．

同时，对思想政治教育的作用更是不同以往，值得教育者高度重视。

**二、大学生网络同辈群体对思想政治教育产生的实践效果**

大学生网络同辈群体作为一种非正式群体，对大学生的思想政治教育起到放大、抵消、颠覆和整合的作用。大学生网络同辈群体对思想政治教育所产生的效果，既可能产生肯定与放大作用，也可能产生否定与抵消的作用，甚至是颠覆作用。如果大学生网络同辈群体价值观念与思想政治教育理念相一致，那么两者之间就会相互支持，互相强化，能够有效促进大学生网络同辈群体思想政治教育。

（一）大学生网络同辈群体对思想政治教育的放大作用。放大作用就是网络同辈群体对思想政治教育的效果有促进、扩展和加强功能。思想政治教育途径和手段应该是多样的、多层次的、开放式的、多领域和多方位的，思想政治教育施教主体通过学校、家庭、社会、媒体、网络同辈群体，多种途径影响学生的思想观念，大学生思想政治教育是多种教育力量共同影响的结果。学校是思想政治教育的传统正规教育机构，是大学生接受思想政治教育的主渠道，是开展思想政治教育的主要阵地和主战场。在其他思想政治教育渠道中，网络同辈群体日益发挥重要的作用，网络同辈群体可以通过群体内的各项活动隐性影响成员的思想意识，引导成员的价值观的变化，同样也能产生教育效果。网络同辈群体对大学生在思想方面的影响没有十分明显的方向性，它是群体成员之间多方向影响力量合力产生的结果，这种影响力是隐性的、不明显的，多数时候群体成员都在无意识中受到思想政治上的影响，潜移默化产生了思想政治教育效果。

大学生网络同辈群体的隐性思想政治教育是对学校教育的有效补充，当大学生网络同辈群体的亚文化与学校主流思想政治教育相一致时，群体对成员思想政治教育的作用就是积极的，是学校思想政治教育的有力补充,对学校思想政治教育具有放大的作用。以学习型网络同辈群体为例,学生由于共同的学习目标组合在一起,群体内的求学氛围十分浓厚,学生求知欲望十分强烈,与学校思想政治教育方向保持一致,群内成员在群内树立正确的学习习惯和学业观,有助于成员顺利完成学业,对学校思想政治教育具有重要的推动作用。这类网络同辈群体必须积极支持和鼓励,使其发挥最大作用。

(二)大学生网络同辈群体对思想政治教育的抵消作用。抵消作用就是网络同辈群体对思想政治教育有消减和削弱的作用。如果群体内价值导向和主流价值观不一致甚至相背离,那么就会使思想政治教育产生混乱,群体内的大学生也会因此迷惑不清、无所适从,这就是网络同辈群体对思想政治教育的抵消作用。

以社会实践为例,一些成员在现实中要参加植树、参观、公益活动等实践活动,但受到网络同辈群体中一些关于即时娱乐、享受当下等群内舆论的影响,很多人放弃了参加社会实践的念头。成员未产生背离主流价值观的负面思想,对主流价值观和教育的态度不赞成也不反对,抵消了来自主流思想政治教育的影响,也是对现实中开展思想政治教育的抵消。网络同辈群体思想政治教育工作的主要目标就是引导同辈群体发挥正面作用,在具体工作中,要深入学生,了解学生,对学生游戏成瘾等不良行为进行及时教育和指导。对自控性较强、能够协调好游戏和学习关系的学生,要加大引导,并让这些学生及时引导群体内部的其他学生,使思想政治教育能够起到积极的作用。

(三)大学生网络同辈群体对思想政治教育的颠覆作用。颠覆作用是指群体对成员的思想与主流教育相悖,并使成员完全顺从群体内部思想,从而与主流思想对立、对抗。网络同辈群体形成的群体文化,既能够影响和改变群体内成员的价值观、行为规范、思维模式和思想行为,又能向群体外辐射，影响有关组织甚至整个社会的文化。群内成员通过分析、比较主流观点和群内相反的不同观点，可能拒绝接纳主流观点，从而使群体内思想政治教育变得无效，这种影响有时候可能使成员产生逆反心理，拒绝或排斥接受思想政治教育，进而极易接纳错误和负面的思想意识。同辈群体所营造的一种客观环境，不仅整合其成员的思想和行为，而且对有计划、有组织、有目的的思想政治教育发生着反作用，产生同辈群体逆向影响力和思想政治教育正向影响力的相互作用的局面。

以代课网络同辈群体为例，大学期间，有些高校学风较差，代课之风盛行，学生加入一个代课群体，这个群体中的成员大致有代课人和被代课人两种类型，代课者主要是寻求经济利益，代课收入高、时间短，相对社会打工，相对安全，性价比较高。被代课的学生一般是有急事、生病或者懒惰无法及时上课，只是暂时利用这个途径解决燃眉之急。在这种群体中，被代课者由于有利可图一方面可以变成代课者，使自己的行为与学校教育背道而驰；另一方面被代课者长期找人代课，会严重影响学习成绩，导使学业荒废。这类群体在高校网络同辈群体中不是常见群体，但其对学生诚信、学生学习态度的负面影响可以直接颠覆学校思想政治教育的良好作用，这类群体必须严格审核，并实时取缔，给学生营造良好的网络学习环境。

（四）大学生网络同辈群体对思想政治教育的整合作用。整合作用是指其对网络用户的思想和行为具有解构和集合的功能，它能够依据自身具有特点的网络同辈群体文化和运行模式，去改变群体成员的思维模式和行为模式，并能在一定程度上统一群体的思想意识，重新塑造群体成员的思想道德和价值观。网络同辈群体内大学生的思想意识和行为习惯受到两个因素影响，一个因素是大学生自身已形成的思想意识和行为习惯，另一个因素是群体内其他成员对大学生的影响。其他群体成员通过群体内互动交流活动，对大学生的思想意识和行为习惯起到熏陶和改变的作用。

人们在小群体内的任何表现都会引起其他成员的评价和反应，如赞赏的语言和表情、非正式的表彰、不满的脸色、批评的语言等，这些都发挥着无比的威力。一般情况下，人们总有追求好看的脸色和好话，获得正面评价的倾向。别人的正面评价强化了人们的一种思想和行为，抑制了另一种思想和行为，而别人的反面评价的作用恰巧相反。在大学生网络同辈群体内，迎合他人评价的心理倾向，不知不觉地改变着自己的思想和行为习惯，久而久之也改变着自己的人格。越是直接接触、交往频繁、关系密切、亚文化特征明显的小群体，这种作用就越明显。同辈群体就是这样的群体，它以自己的亚文化影响、整合每个成员的思想和行为，塑造成员人格。见表4.24。

表4.24 两种影响力相互作用与教育效果表

| 思想政治教育影响力 | 大学生网络同辈群体影响力 | 总效果 |
| --- | --- | --- |
| ＋ | ＋ | ＋＋ |
| ＋ | － | 0 |
| ＋ | 0 | ＋ |
| 0 | ＋ | ＋ |
| 0 | － | － |
| 0 | 0 | 0 |

由表4.24可以看出，思想政治教育影响力和大学生网络同辈群体影响力，如果同向同行，会使思想政治教育的效果事半功倍；思想政治教育影响力与大学生网络同辈群体相反时，力量相互抵消，对成员的影响为0；大学生网络同辈群体对成员没有影响力，思想政治教育影响力为正面影响，对成员的影响为积极的。当思想政治教育影响力处于0状态，大学生网络同辈群体的影响力直接决定了成员思想政治教育的效果，大学生网络同辈群体影响力为正面积极的，教育效果就是积极的，而大学生网络同辈群体为负面影响，教育效果为负面结果。在思想政治教育影响力为正面积极作用的

前提下，大学生网络同辈群体影响力对思想政治教育影响力是同向影响还是反向影响，会使思想政治教育影响力或加倍或为0，起到整合的作用。

**三、大学生网络同辈群体思想政治教育为思想政治教育提供新载体**

实证研究的结果显示，当前网络同辈群体在思想政治教育工作中已经发挥了一定作用，但其自身的真实潜力还没有被激活。作为非正式群体，网络同辈群体尚未引起教育者、研究者的高度重视。时代的变化呼唤思想政治教育的方法、思路和手段创新。网络非正式群体对大学生的影响已经远远超过我们的预想，正面引导作用和负面影响同时存在。网络同辈群体是意识形态教育的处女地，更是高校思想政治教育工作的新阵地。高校不主动去占领它，它就会被反动势力占据和利用。网络同辈群体具有虚拟性、隐蔽性和不可控性，非常容易被别有用心的人或组织利用，传播负面思想，成为思想政治教育工作的障碍。因此应变被动为主动，巩固话语权和主动权，把网络同辈群体打造成网络思想政治教育的桥头堡，获得网络思想政治教育工作的先机。

大学生网络生活的重要内容就是利用网络的通信功能进行社会交往，通过微信群、QQ群以及其他"社区圈群"形式进行同辈群体的交往互动，这为网络同辈群体思想政治教育提供了新的载体。与时俱进是思想政治教育的重要属性，利用网络同辈群体开展思想政治教育工作是新时代的要求。网络同辈群体是思想政治教育对象的新样态，既是挑战更是机遇，思想政治教育工作应该抓住网络时代大学生的特点，深入探索其结构特点、运行规律和学生在网络同辈群体中的行为特征，有的放矢地开展工作。同时网络同辈群体的组织形式为思想政治教育工作提供了新的载体，有利于思想政治教育工作进网络，并充实网络思想政治教育工作内容，充分发挥同辈群体网络思想政治教育的作用。

第五章

# 大学生网络同辈群体思想政治教育存在的问题及成因分析

大学生网络同辈群体既是思想政治教育的新型教育对象，又是开展大学生思想政治自我教育的一个重要群体。高校、教育者要通过加强网络同辈群体的引导，影响群内核心人物及成员，达到思想政治教育的目的。通过问卷调查、案例分析等研究发现，大学生网络同辈群体思想政治教育还存在一些亟待解决的现实问题。

## 第一节 大学生网络同辈群体思想政治教育存在的问题

大学生网络同辈群体作为大学生非正式群体，不属于传统思想政治教育重点关注的领域，对其开展思想政治教育，缺乏成熟的经验可以借鉴和参考。当前，大学生网络同辈群体思想政治教育存在教育者介入窘难、高校价值认知相对模糊、主客体教育缺乏合力等问题。

### 一、教育者介入大学生网络同辈群体思想政治教育窘难

教育者在大学生网络同辈群体思想政治教育中处于主导地位，是实施开展思想政治教育的主体，通过网络媒介，用正确的政治理论、思想观

念、道德规范对大学生网络同辈群体进行有计划、有目的、有针对性的影响。这里主要是指开展大学生网络思想政治教育的工作者，包括专任教师、辅导员、思想政治理论课教师、高校管理人员以及参与网络思想政治教育的社会人员，其中意见领袖既是教育者的教育对象又是群体内成员的教育者，身份具有双重性。

（一）教育者主流价值观介入困难

首先，由于网络同辈群体内部的封闭性和排他性，导致主流价值观介入群体困难和受阻。大学生网络同辈群体是以兴趣、爱好等需求为前提而结成的不同群体，群体内部具有各自的"群体文化"，"群体文化"各有特色，具有一定的封闭性和排他性。从宏观层面看，网络空间信息自由流通，群体成员可以互动共享资源，但具体到网络同辈群体，它是由具有相同兴趣爱好或共同专业背景而集合在一起的群体，对社会中的外界成员不完全具有开放性，可能会设立某种类型的入群门槛，这就会造成外界人员或外界思想想要进入群体内就会遇到一定的阻碍。

同时，网络同辈群体如果成立的时间较长，群体就会内生出具有向心力的群体文化，这种群体文化会不自觉地对外界思想进行排斥和过滤，会使群体文化逐渐出现固化现象，群体成员出现同质化现象，容易造成对某些不良价值观的偏好，而对主流价值观进行排斥的现象。因而，网络同辈群体对群体外人员和信息的排斥会造成群体的封闭性，这种封闭体系会造成网络同辈群体的排他性，群体外部思想政治教育力量难以介入其内，难以对其开展引导工作。在对大学生网络同辈群体思想政治教育效果问卷的校标关联效度检验表（详见表4.7）中，对社会主义核心价值观认同，效果总分 $0.53^{**}$（$^{**}p<0.05$），而思想引导分数为 $0.42^{**}$，在四个维度中分数最低，表明大学生网络同辈群体思想政治教育在核心价值观认同方面，

思想引导呈正相关，但效度相对最低。

其次，主流价值介入群体内部的深度和广度，影响大学生网络同辈群体开展思想政治教育工作的成效。一些网络同辈群体是开放的，群体成员进出自由，人员背景复杂，价值观参差不齐，群内大学生极易受到负面信息和错误思想的影响。只有主流价值观成功输入群体内部，群体内大学生才有可能受到其影响和熏陶。充分发挥大学生网络同辈群体思想政治教育功能，需要主流价值观能够有效地输入群体内部，而大学生网络同辈群体的"群体文化"的相对封闭性和排外性，都会对主流价值观介入网络同辈群体产生一定的阻碍。如果网络同辈群体有意设置障碍让群体外的主流价值观和真实信息很难有效输入群体内部，"那么网络同辈群体就有可能成为一些虚假信息和错误思想言论的集散地"①。此外，大学生网络同辈群体的非正式性、自发性，"导致对大学生网络同辈群体难以进行有针对性的组织化、正规化思想政治教育"②。

（二）网络意见领袖介入较难

首先，网络意见领袖介入存在一定的畏难情绪。网络世界中的意见领袖也叫影响力人物，是网络世界信息传播的关键群体，他们的观点及言论会影响到群体中其他成员的思想认识，影响群体成员的行为和态度。网络中影响力较强的人物能够最大限度地增加网络群体中成员间有效互动，"通过影响力人物自身掌握的特殊信息渠道和独家信息内容，有效地吸引群体成员的关注力，并且具有独特的人格魅力，易于被群体其他成员接受

---

① 仝泽民."圈层化"视域下高校网络思想政治教育对策[J].高校辅导员，2018（3）：61-65.
② 高丽静，王秋慧.网络圈群视域下高校思想政治教育的思考[J].未来与发展，2019（1）：96-99.

和拥护"①。网络同辈群体中意见领袖具有较高的专门知识，具有相应的权威性，在本领域中威望较高，比较能服众，大多数是各领域中的公众人物，因此他们对自身在网络上的声誉比较看重，不会轻易在他们不熟悉的领域里发表意见。

网络意见领袖属于网络信息传播的关键群体，在网络信息时代，他们的影响力主要体现在快速获得信息，加以快速点评并快速转发扩散，从而影响粉丝对该信息的看法和态度，形成一种舆论轰动效应。在"是否有意见领袖或核心人物差异性分析的独立样本T检验统计表（详见表4.22）"中，有意见领袖或核心人物的大学生网络同辈群体思想政治教育的认知调控、行为调控、态度引导和思想引导四个维度均好于无领袖或核心人物。影响力人物对大学生思想政治教育的作用十分巨大。开展网络思想政治教育工作，必须要思维严谨，政治正确，舆论导向上不能有丝毫偏差，发表言论时需要逻辑缜密，滴水不漏，稍有不慎，就会产生不良的后果。网络影响力人物面对这些高难度的要求，容易产生畏难情绪，不愿意介入此类活动或工作。

其次，网络意见领袖缺乏思想政治教育理论功底和相应的沟通技能。一些网络意见领袖从事不同职业，学习不同的专业，甚至本身对思想政治教育的理解和把握都处于初级水平。很多网络意见领袖无法将传统的思想政治教育内容，以生动活泼的形式转化到网络空间。在网络同辈群体中，很难使用具有原创性、创新性、趣味性等多样化教育内容来激发大学生的学习兴趣，难以发掘出真正具有正确价值观内核的精神食粮。网络意见领袖面临着思想政治教育热点议题选择面较少的尴尬局面，不能形成热烈的焦点议题互动，难以扩大在群体中的影响范围，降低了本身可开发潜力价

---

① 魏明珠，张海涛，刘雅姝，徐海玲. 多维属性融合的社交媒体高影响力人物画像研究[J]. 图书情报知识，2019（5）：73-79，100.

值，致使他们在网络同辈群体中粉丝的黏性较低。这些外在困难，降低了影响力人物名气指数，缩减了其影响力，造成影响力人物对介入大学生网络同辈群体思想政治教育存在思想负担，缺乏一定的积极性。

目前，互联网数字技术、智能手机技术迭代加速，通过以微博、微信、抖音、B站等为代表的网络信息平台，信息传播更加迅速有效。"影响力人物在网络同辈群体中开展思想政治教育，当其专业性受到质疑，权威受到挑战时，他们的话题掌控和内容把关作用就会被弱化，预先设计的话题容易被改变，从而使大学生对网络同辈群体思想政治教育的内容产生怀疑，也会对意见领袖的言行产生怀疑，进而给思想政治教育工作带来阻力与困难，增强其工作的难度。"①

（三）教育者网络管控相对困难

首先，网络世界的隐秘性、虚拟性以及大学生网络同辈群体的非正式群体特点为网络管控工作带来了巨大的挑战。大学生网络生活群体化使得教育者对大学生的网络舆情管控难度加大，在大学生网络同辈群体中存在一定的监管盲区。网络同辈群体的产生与消失、群体成员的加入和退出，都呈现出极大的不确定性，这种不确定性增加了管控难度，难以长时间、无死角、全覆盖地跟踪调查。大学生网络同辈群体内部的开放性造成信息种类繁多、数量庞大、质量参差不齐、更新频繁，让管控者仅限于应付、精力疲惫、难以招架。网络同辈群体内还会滋生大量虚假信息，管控者不能够全员都拥有足够的专业知识和技能对此加以鉴别，造成一些挑战公序良俗，甚至违法的信息和言论在网络同辈群体内大面积迅速传播，而不能对之进行及时有效管控。另外，有些大学生网络同辈群体具有一定的限制

---

① 沈培辉."微时代"下大学生思想政治教育工作研究——基于传播学视角的思考[J]. 高校辅导员学刊，2013（4）：1-5.

性和排他性，为了方便本群体管理设置入群权限，对群外人员设置入群门槛，增大了外界管理人员的进入难度，外部管控者可能难以进入某一个目标群体内，以至于管控者无法进行及时的管控。在大学生网络同辈群体思想政治教育"模型各变量的信度、效度分析"表（详见表4.1）中，网络监管的因子载荷分别为0.83，0.77，0.73，说明网络监管对大学生思想政治教育存在影响，但作为外部因素，网络监管的作用相对于学校教育（因子载荷分别为0.73，0.87，0.81）和社会教育（因子载荷分别为0.68，0.80，0.71）作用居中。

其次，网络管理者缺少进行网络管控的有效手段。当前，管理者对大学生网络同辈群体的管控体系不完整、工作流程不科学、管控力度不强，缺乏一套完整的有关网络群体的监管、疏导、反馈和预警机制。一些关键影响力人物在网络同辈群体内部有一定的领导力，团结一部分核心群员，会在群体内形成一股比较强大的势力，垄断群体内的话语权。如果这种势力能够与外部的管控者同向而行，有利于思想政治教育工作的进行；如果群体势力使网络同辈群体对外部管控产生抵触情绪，外界管控者可能难以进一步介入。另外，一些网络管控人员自身的能力也有欠缺不足，业务不熟练，认知高度不足，对网络同辈群体所涉及领域的专业性话题不熟悉、不了解，会影响相关管理人员对网络同辈群体的舆论引导和网络管控的有效介入。

最后，网络管控方法选择不恰当。随着信息技术的飞速发展，网络基础设施不断完善，网络空间的数字壁垒逐渐消失，网络同辈群体越来越具有平等性，群体成员之间的身份差异日益不明显[1]。网络中，成员观点表达自由，不用承担具体责任，网络群体成员极易呈现情绪化、非理智的状

---

[1] 谭毅.青年网民的网络民粹主义行为：原因、表现及管控［J］.青年探索，2014（6）：90-93.

况。如果管控者采取诸如删帖、禁声，甚至威胁等简单粗暴的管控方法，会使群内成员产生逆反心理，甚至引起情绪反弹，导致网络群体成员对管控人员产生不信任感，甚至产生厌恶和憎恨情绪，转而更愿意相信网络群体内的虚假信息，不利于管控工作的实施。对网络同辈群体的过度高压管控，也会造成群体活跃程度降低，群体成员流失，甚至会造成群体解散，无法实现预期的思想政治教育功能。有效地进行网络同辈群体管控，建构合法有序的大学生网络同辈群体思想政治教育空间，是网络管理者需要高度重视的问题。

**二、高校对大学生网络同辈群体思想政治教育价值认知相对模糊**

大学生网络同辈群体思想政治教育属于非正式群体的思想政治教育，在新时代强调思想政治教育工作的大背景下，高校作为开展大学生网络思想政治教育的主要机构，还没有充分认识到大学生网络同辈群体所具有的特殊价值。

（一）高校对大学生网络同辈群体思想政治教育的重要性和价值认识不到位。诸多高校遵循中共中央关于加强网络思想政治教育的要求，建立了各类思想政治教育网站，积极开展了思想政治工作走进网络的尝试，学校所组织的网络思想政治教育活动仍保留传统的内核和外在形式，这种活动大多数是针对正式群体，主要是传统意识形态宣传活动，具有较强的官方宣传味道，少有适合网络同辈群体思想政治教育活动。高校依托网络开展的思想政治教育活动，对网络同辈群体这种非正式群体来说，吸引力不强，影响力微弱，大学生网络同辈群体对主流声音接受度不高。网络同辈群体中缺乏多种多样、丰富多彩的群体活动，甚至很少有学生积极主动参加活动，主流声音的传播效果仍然偏弱。这种情况需要高校不断进行思想政治教育的内容创新、方法创新和形式创新，有效吸引大学生网络同辈群体积极参与到思想政治教育工作中,达到思想政治教育的目的。在大学生网络同辈群体思想政治教育影响因素的结构方程模拟检验结果中(详见图4.5),作用路径"教育因素→教育效果",标准化路径系数为0.086,不显著,不支持假设H2。教育因素中包含了学校教育、社会教育和网络监管三个方面。由实证研究数据可看出,学校教育对大学生网络同辈群体的价值认知相对不到位。

(二)高校对大学生网络同辈群体思想政治教育特殊性效果认识不明确。高校缺乏对网络同辈群体在虚拟网络空间展现自我的表达方式的充分认识,忽视了大学生网络同辈群体具有自动、自发和随意的特性。高校把主要精力和资源大多数都投放在传统常规思想政治教育上,注重传统灌输式思想政治教育的模式,而对网络同辈群体思想政治教育功能的特殊性认知不到位,缺乏对网络同辈群体思想政治教育价值进行系统性的理论研究,缺少整体性、系统性的操作路径,常常对网络空间和现实教育之间的差异性缺乏有效的应对措施。高校缺乏根据网络同辈群体的现实情况开展有针对性的教育活动,对网络空间的大学生价值观进行有针对性的引导力度不够。在对大学生网络同辈群体思想政治教育效果问卷统计分析表(详见表4.16)中,"认知调控"均值3.96,标准差0.82,有效数8217,有效率65.03%。大学生网络同辈群体思想政治教育取得了一定的效果,但高校等教育机构对网络同辈群体的思想政治教育独特效果未进行完全、清晰定位,对兴趣小组讨论区、热点议题讨论区、学习内容和学习方法互助区等网络同辈群体,仍未充分进行挖掘和利用,无法有效利用网络同辈群体这种非正式群体,使得大学生网络同辈群体思想政治教育至今不被主流教育体系所完全重视和接纳。这一思想政治教育的领域缺乏创新思维,有待进一步开发和提升,需要教育者有效地利用网络同辈群体引领大学生正确的思想意识方向。

### 三、开展大学生网络同辈群体思想政治教育措施乏力

由于网络同辈群体的自身特征，主流意识形态在网络同辈群体中存在着传播无力、有阻碍的现象。主流价值观在非正式化网络同辈群体中传播，需要采取顺应同辈群体发展规律的具体教育措施。大学生网络同辈群体是由具有相似背景的大学生以网络为媒介互相聚集在一起的群体，自身不具备主动积极传播主流价值观和引导意识形态方向的使命感。需要思考如何利用网络同辈群体的自发性去提升受教育者的思想水平，重点考虑如何利用教育者对网络同辈群体教育内容的具体措施，充分发挥出大学生网络同辈群体思想政治教育的实际效用。

#### （一）大学生网络同辈群体思想政治教育针对性话语体系匮乏

首先，思想政治教育话语体系是指思想政治教育主体为了完成教育任务并达成教育目标，在思想政治教育活动中通过一定方式表达出来的话语，是思想政治教育者和受教育者之间进行信息传播和交流互动的一系列语言符号体系，这种语言符号体系运用在思想政治教育语境中就形成了具有思想政治教育特点的话语体系。大学生网络同辈群体思想政治教育话语体系需要具有明显的社会主流价值观意识形态特点，严格遵循网络空间传播规律。这种在网络同辈群体中进行交流、反馈的语言体系，是构建大学生网络同辈群体思想政治教育内容和表达的基本工具体系，是一组与思想政治教育相关的思想观念、价值取向和行为表征的语言符号系统。思想政治教育话语体系建设是加强意识形态话语权的前提和基础，只有拥有包容性思维，坚持以人为本原则，充分尊重学生网络话语权，坚持语言生动性、开放性原则，才能应对新的网络时代挑战，目前这一体系尚有不足。

其次，教育者缺乏网络同辈群体思想政治教育话语权。大学生网络同

辈群体把传统媒介的信息传播方式转变成为网络状多向的传播方式，在其范围内的每个大学生都可借助网络同辈群体传播和接收相关信息，并可以对关注的议题进行讨论互动。在大学生网络同辈群体思想政治教育实施过程中，教育者和受教育者具有平等的话语机会，这在一定程度上动摇了传统思想政治教育中的教育主体在掌握话语权方面的主导和优势地位。在网络同辈群体中话语权主要是由同辈群体成员所掌握，同辈群体中大学生不再是思想政治教育被动受教者，而是积极参加到教育内容、教育形式和教育活动的设定和实施当中，大学生还可以在网络同辈群体中主动发起某些思想政治教育活动。网络同辈群体成员平等拥有一定话语权的特点，为大学生创造了可以自由表达的个性化空间，这样就会使教育者失去原有的垄断教育信息和资源优势，不能独享思想政治教育话语权。"当今活跃在网络世界的大学生自由奔放，个性张扬，喜欢使用网络流行语表达自我意识，对政治色彩浓厚、语言枯燥、表达单一的思想政治教育用语不感兴趣。"① 在网络同辈群体环境下，因缺乏有效监控，很难研究或预判群体内的传播内容、社会心理预期和心理承受能力，从而无法提前设计出具有针对性的教育话语体系。

再次，教育者在大学生网络同辈群体思想政治教育中缺乏话语体系理念创新。在自媒体、新媒体迅速发展的"互联网+"背景下，移动互联技术与网络流行文化，共同塑造出大学生网络同辈群体话语风格，这类群体每时每刻都能接收到最新的时政信息，针对这些信息群体，大学生会有大量的观点和见解进行交流、碰撞和重构，从而形成能体现出当前大学生思维方式、视野、理念和价值观的网络用语。大学生群体普遍喜爱使用网络用语，经过日积月累，逐渐渗透，大学生的日常生活与学习方面的语言交

---

① 第天骄. 大学生网络流行语的使用现状、价值冲击及其应对策略[J]. 知与行，2018(6)：86-91.

流就会被这些网络用语所占据。对此,部分教育工作者因为年龄、思维模式、对信息技术的熟悉程度等原因,造成他们对网络同辈群体的网络流行话语的反应迟滞和认同困难,使教育者用语无法与学生网络用语有效对接,对师生间一些信息进行有效沟通造成较大的影响,冲击了原先的话语体系。大学生网络同辈群体思想政治教育话语存在力量不足、分散,话语主体的责任缺失,话语内容的空泛化等问题。因此,要充分利用网络同辈群体话语构成的多样性和开放性,话语发布的实时性和随意性,话语传播的快捷性和隐匿性等特点构建新型的大学生网络同辈群体思想政治教育话语体系。

(二)高校对大学生网络同辈群体思想政治教育缺乏有效的激励措施。大学生网络同辈群体中的信息内容丰富多彩,群体成员具有多种可选性,而思想政治教育中的主流意识形态的供给形式单调、数量不足,无法在每个网络同辈群体中营造具有主流价值观特色的群体宗旨和群体文化,难以确立固定的群体目标和提供能够激发沟通欲望的主流意识的形态话题,也缺乏有效的手段和措施将思想政治教育内容扩展到大学生网络同辈群体中,这就导致了在网络同辈群体中主流意识形态传播功能被弱化。网络同辈群体隐蔽化、动态化、松散化的组织形式不利于主流思想的引导,高校未能找到顺应同辈群体开放、自由、多元的特点开展思想政治教育的有效措施,不能避免网络同辈群体接收过多低质的负面信息,从而冲击主流价值观的传播。当前大学生情感丰富、个性突出,传统的说教方式起到的作用仅仅是一个方面,网络同辈群体中存在良莠不齐的信息,会影响主流价值观的传播,缺少有效的方法防止网络同辈群体个体意识个性化与主流思想文化脱节。

(三)大学生网络同辈群体思想政治教育意见领袖缺少指导。现今,部分思想政治教育的核心人物在市场经济的影响和各种意识形态文化的强烈冲击下，政治嗅觉变得不灵敏，甚至出现某种程度的信仰危机现象，导致面临缺少意见领袖或者核心人物的危机。当代大学生对各种新鲜事物充满了好奇心，有任何问题都愿意在网络上获得答案。网络同辈群体对大学生来说是极其方便的求知载体，但现实中能够在网络同辈群体中实施有针对性的思想政治教育的核心人物数量较少。

核心人物的身份角色使他们具备了一种主导权，因此他们需要具备相应的技能和知识背景，成为能够对话题发表评论和判断的"意见领袖"。核心人物肩负特殊任务，代表主流价值观，在网络同辈群体思想政治教育工作中发挥"关键、少数"的作用。当前在网络上广泛传播的信息大都是社会焦点事件，对于这些时事新闻进行解读和转发的基本上是"意见领袖"或"网络大V"，在这些网络阵地中，往往缺失令人信服的有影响力的核心人物宣讲社会主义核心价值观等主流价值观内容。针对网络同辈群体思想政治教育这一崭新的时代课题，有关机构也没有提前规划有目的培养具备胜任力的核心人物，致使核心人物人数稀少，力量薄弱。网络同辈群体中的受教育者可以在网络上自由地选择要学习的内容和接受的价值观，他们有可能接触到与主流价值观相背离的知识和文化，影响核心人物在大学生网络同辈群体中传授教育相关信息的效果。如果核心人物把控失度，有可能会造成网络群体事件发生，反而加重教育工作者的工作负担。

## 第二节 大学生网络同辈群体思想政治教育存在问题的原因分析

大学生网络同辈群体对生活中主流声音的传播和讨论不完全是积极、主动的，主流价值观、相关专家学者和网络管控想要介入群体中，会受到大学生网络同辈群体的排斥和阻挠，主流声音有时无法真正融入同辈群体的认知世界，对其成员进行思想政治教育存在一定的困难。

网络同辈群体的存在对大学生的学习方式、思想意识和沟通模式都产生了深远的影响，也给思想政治教育工作造成了强烈冲击，传统的思想政治教育方式在大学生网络同辈群体思想政治教育上显得力量尤其薄弱，无法适应和满足新形势的需要，存在教育者缺少自觉性、高校缺乏阵地意识、教育主客体欠缺合力等原因。

**一、教育者缺少大学生网络同辈群体思想政治教育的自觉性**

（一）针对大学生网络同辈群体思想政治教育开展高水平的研究十分少见。目前，思想政治教育领域的著名教育专家、学者发起或牵头的一些网络同辈群体思想政治教育研究成果，大多是关于网络同辈群体思想政治教育负面影响的应然性研究。反之，一些网络意见领袖或"网络大V"在各种网络媒体上倒是十分活跃，频繁点评时事，转发热点，吸引了大量的粉丝，但是他们的言论之中不乏偏激的言论，甚至是反主流价值观的思想。这些意见领袖议题新颖、言语犀利、人气很高，在大学生群体中产生一批追随者。思想政治教育工作者如果能够及时回馈社会热点，对网络空间中的热点问题进行积极解答，有针对性地对大学生"需求侧"加以关注和满足，及时修正大学生在网络中形成的不良认知和错误思想，网络同辈群体思想政治教育一定能够取得良好的效果。

（二）针对大学生网络同辈群体思想政治教育的科学理论指导较少。当前思想政治教育的工作重点，还仍停留在考虑如何提高传统思想政治教育和传统网络媒体思想政治教育水平的阶段。在数字浪潮的冲击下，网络同辈群体思想政治教育目前面临最紧迫的问题是如何运用科学的理论指导实践，解决网络思想政治教育"供给侧结构性"改革的瓶颈。尽管在大学生网络同辈群体中开展思想政治教育的重要性已被普遍接受，也做了相关研究，取得了一些成绩，但真正从事大学生网络同辈群体思想政治教育工作的教育工作者并不多，许多知名的教育工作者，缺乏从事大学生网络同辈群体思想政治教育的动力，他们的主要的活动状态主要是在学校、科研机构、报纸杂志和科研课题中①。即使有些专家愿意投身网络传播中，也是数量极少，且影响力微乎其微。即使有些教育工作者经常通过网络同辈群体与群体内大学生进行沟通交流，大多是管理性和事务性沟通，思想政治相关内容的交流和教育较少。

**二、高校缺乏主动占领大学生网络同辈群体思想政治教育阵地意识**

思想政治教育是全面的教育，是对全体学生的教育，不能以正式组织和非正式组织来区别对待，主流群体要重视，非主流群体也要重视。无论是正式群体还是非正式群体，主流价值观不抢占网络阵地先机，就会被其他观念所占据、所影响甚至所控制。

（一）高校主动占领网络同辈群体非正式阵地的意识比较薄弱。大学生上网，大学生的意愿也随之被带到网上，很多大学生在网络正式群体中无法自由表达个人意愿，只能在网络非正式群体中进行倾诉。大学生网络同辈群体是由大学生自发组成，是大学生各种诉求集中出现的网络空间，也是各种意识形态集中显现的平台。网络交流的匿名性和开放性，使其成为大学生倾诉学生现实问题的重要"窗口"，大学生可以在非正式群体中大胆而真实地反映各种问题，充分暴露各种想法。

当前，高校十分注重网络正式群体的教育、管理和监督，对网络非正式群体的重视程度相对不足。网络思想政治教育是信息时代的产物，思想政治教育在互联网技术的助力下获得迅速发展的机遇，但也让思想政教

---

① 薛云云，张立强. 网络圈群中的思想政治教育：问题检视与对策思考［J］. 思想教育研究，2017（2）：84-87.

育面临亟须数字化创新的挑战。发挥网络思想政治教育的良好作用，既要发挥积极推进网络正式群体的积极作用，也要充分认识网络非正式群体在思想政治教育、网络思想政治教育中的地位和作用。不能因为网络同辈群体的非正式组织性质，而放松了对这块阵地的重视，致使思想政治教育丢失阵地，"导致了主流意识形态在网络同辈群体中'失位''失声'，使得'非马'甚至'反马'的意识形态部分占领了网络群体"[1]。

"季子越"事件、"洁洁良"事件、"许可馨"事件等全国性大学生网络事件表明，"大学生微博、微信等非正式群体中更容易表达个人观点和诉求，也有情绪宣泄和恶意攻击"[2]。网络同辈群体是大学生思想政治教育的重要空间，在实际的教育中，网络空间为不同的思想意识体系提供了展现自身价值观和影响力的有效场所，是各种社会思潮必争的意识形态斗争阵地。这个阵地不由主流意识形态占领，就会被其他意识形态占领，高校必须加以重视。

（二）大学生网络同辈群体消极作用没有得到高校应有的重视。高校对网络非正式群体的负面影响、颠覆作用，没有引发高度重视，但少数学生的问题如果不及时解决，最终发展的后果将无法挽回，危害无可估量，甚至造成学生终生的遗憾。很多大学生在网络同辈群体中迷失，无法找到自我准确定位和个人目标，误入歧途，最终不得不放弃学业。高校必须对这些少数学生的行为、情感和认知加以重视，不能任由其发展，导致无法挽回的后果，致使思想政治教育不仅没有达到预期的效果，反而走向反面。学校主要重视正式群体、网络正式群体、正面教育等，对网络非正式群体重视程度不足，对网络同辈群体的消极作用认识不足。大学生思想政治教育是全体学生的教育，不能只抓主流、抓大部分，而忽视边缘群体、

---

[1] 刘广乐. 网络圈群视阈下高校学生理想信念教育探究[J]. 学校党建与思想教育，2019（13）：81-83.
[2] 黄永宜. 网络思想政治教育理论研究[D]. 重庆：西南大学，2011.

极特殊个别学生的教育，因此，网络同辈群体这一思想政治教育宣传阵地亟须引起重视。

### 三、缺乏大学生网络同辈群体思想政治教育合力

（一）教育者未能充分利用各种思想政治教育网络媒介平台的各项功能。思想政治教育工作者在网络同辈群体中开展思想政治教育，教育方式、教育理念不够与时俱进，对互联网条件下进行网络同辈群体思想政治教育的特殊规律认识不够，对大学生网络同辈群体思想政治教育的价值认识不到位，从而缺乏对网络同辈群体思想政治教育的投入，思想政治教育在网络同辈群体中的引导力不足。缺少网络同辈群体思想政治教育的有效措施，网络平台上发布的文章、评论等学术味道浓厚，缺乏对时政热点问题的关照，人文性、时效性和趣味性不足，很难激发网络同辈群体的阅读兴趣，因而阅读量较少，关注度不高。

（二）高校缺乏主动建立网络同辈群体思想政治教育发展的长效机制。网络同辈群体与现实的世界交流较少，导致有些大学生网络同辈群体对社会的关注度不高，与主流思想文化脱节，影响思想政治教育的实效性，不能及时引导学生接受正确观点并批判错误观点。在教育方法上，传统思想政治教育中教育者往往采取单向说教法，这种方法一般以理性说教或理论课程的灌输为主导，容易忽视被教育者的个性差异，缺乏情感教育和实践教育。单一手段造成思想政治教育的低效，大学生在情感上对这种单一的灌输法会产生抵触情绪和逆反心理，高校对此要有可操作的预案，建立一种平等的具有亲和力的，符合网络非正式群体交流环境的机制，采取有效的措施增强大学生网络同辈群体思想政治教育的执行能力，更好地引导学生。

（三）大学生网络同辈群体中意见领袖或核心人物积极作用不显著。

网络意见领袖或群体内核心人物发布的信息,更容易引发群内成员的强烈兴趣和相应的共鸣。教育者所发出的大多数官方内容,往往并不是大学生真心需求的内容,也不是大学生关注的热门事件或相关官方消息,大学生更愿意选择相信"小道"消息和非正式途径的内容。网络意见领袖或核心人物往往能够从大学生"需求侧"角度出发,对社会热点事件做出及时回应,站在学生的视角进行解说,有"接地气"的感觉,将理论话语体系向生活话语体系转化,被关注度增高。但在实际的网络宣传中,真正能够担任网络意见领袖或核心人物的人员凤毛麟角,即使群体内有一定数量的网络意见领袖或核心人物,也因为很多人没有相应的能力和较高的水平进行思想政治教育,勉强进行一些空洞的理论说教或通俗的讲解,缺乏科学真理的逻辑讲解和循循善诱的以理服人,反而引发学生的反感。对网络中自发形成的同辈群体引导力远远不足,致使"供给侧"与"需求侧"处于不平衡状态,群体内部的"供给侧"无法良好地满足"需求侧"的需求,造成有效供给的匮乏,无法实现自我教育的目的。

(四)尚未建立大学生网络同辈群体思想政治教育主客体联动机制。大学生网络同辈群体思想政治工作,是在崭新的领域里开展思想政治教育,没有先例可循,需要广泛搜集教育素材,充实教育内容,对教育工作者具有较大挑战性,要承受较大的压力。学校如果长期无法提供有效的保障支持条件,会使教育者从事网络同辈群体思想政治教育"出师无名",有明显的挫折感,不能最大限度调动其教育的积极性,无法充分发挥大学生网络思想政治教育固有优势和效用。另外,对网络意见领袖等网络群体的核心人物,没有明确的培育、鼓励和激励政策,使许多网络意见领袖均为"单打独斗",没有明确的体系和目标对群体进行教育和引导,导致大学生网络同辈群体思想政治自我教育产生无序性,也会挫伤网络意见领袖的参与度和影响力。目前高校未对网络同辈群体思想政治教育工作建立科学的考核体系，长此以往，教育者、意见领袖等将逐渐对大学生网络同辈群体思想政治教育工作失去兴趣，缺乏工作主动性和积极性，从而造成缺少网络同辈群体思想政治教育核心教师的局面。

# 第六章

# 大学生网络同辈群体思想政治教育的改进对策

大学生网络同辈群体思想政治教育工作使思想政治教育工作拓展了工作广度，夯实了工作深度，增强了工作力度，添加了工作活力，使大学生在网络非正式群体中接受更多的思想政治教育资源。本章旨在深刻理解大学生网络同辈群体基本内涵的基础上，针对网络同辈群体思想政治教育存在的难点问题，提出"教育者积极介入—高校价值导向引领—主客体良性联动"的"三位一体"大学生网络同辈群体思想政治教育对策。

## 第一节 教育者积极探寻大学生网络同辈群体思想政治教育的切入点

教育者找到合适的大学生网络同辈群体思想政治教育的切入点是实现主流价值观引领的基本前提。教育者有效净化网络舆论空间，提高对大学生网络同辈群体思想政治教育重视程度，找到合适的施教入口，抓住网络同辈群体思想政治教育的核心问题，为当前做好大学生网络同辈群体思想政治教育提供有效路径。

### 第六章 大学生网络同辈群体思想政治教育的改进对策

**一、强化大学生网络同辈群体思想政治教育的有效供给**

（一）教育者遵循大学生网络同辈群体内容为王的传播规律。教育者在大学生网络同辈群体中开展网络思想政治教育，"增强主流意识形态理论在网络同辈群体中的有效供给，要立足于正确思想引领"①。目前主流意识形态已被引入多数大学生网络同辈群体，并受到群体中一部分大学生的欢迎，但仍然存在一定的不足。因而，教育者必须进一步改进主流思想政治理论在网络同辈群体中的供给方式和供给质量，切实做到以理服人、以情动人。思想政治教育的有效供给要结合当代大学生的成长特点，依据网络同辈群体的特点和内在规律，力求使网络同辈群体思想政治教育更加具有说服力、亲和力，"提供更加有效的思想政治理论供给，增加大学生对网络同辈群体思想政治教育的接纳程度"②。

以2019年中美贸易战为例，主流媒介发布的信息多半是政策性的内容，而且贸易战的短期影响不会十分明显，学生没有直观体验。如何将贸易战的真实影响与学生的日常生活紧密联系起来，如何教育学生学会分析问题，需要有理、有据、有图、有真相，让学生真心信服。教育者可以借助网络同辈群体，让学生在不同类型的群体中开展讨论，在讨论基础上，将国内权威专家的评论和研究结果在网络同辈群体内发布，在思想碰撞和专家引导中，对学生进行正确引导，从而达到教育的目的。

（二）教育者搭建典型大学生网络同辈群体互动平台。目前大多数网络教育措施还不能完全应对网络同辈群体中出现的价值观混乱、虚假信息盛行、理想信念缺失的复杂局面。因此，教育者应积极谋划建设界面友

---

① 苏明. 创新网络思想政治教育[N]. 中国教育报，2015-02-05（1）.
② 薛云云，张立强. 网络圈群中的思想政治教育：问题检视与对策思考[J]. 思想教育研究，2017（2）：84-87.

好、接地气的网络平台，加强网络平台的内容建设，丰富互动交流方式。同时，大学生网络同辈群体思想政治教育要以大学生主流价值观教育为宗旨，教育者依靠网络平台组建多类型的网络同辈群体，把理想信念教育摆在前面，突出正确人生观的理想特色，准确把握大学生的所思所想，分析青年学生的兴趣所在，改进语言表达方式，增强亲和力，力求以循循善诱、说理服人的方式让大学生明事理、辨是非。教育者丰富思想政治教育内容与形式，增加内容的有效供给，用思想政治理论去讲解时事新闻、社会热点问题，将理论分析与大学生生活现实相结合，才能调动网络同辈群体积极参与思想政治教育活动的兴趣，充分发挥网络同辈群体的主流价值观对大学生的熏陶作用。

（三）教育者准确把握大学生网络群体信息传播的关键节点。网络传播不受时间和地域的影响，便利快捷，其他国家的一些信息都可以在网络上找到相应的内容。对于平常的新闻和事件，大学生在网络上自由浏览、发表观点，较为常见，不需要特殊的方法和手段开展网络思想政治教育。国内、国际发生重大事件，是教育者开展网络同辈群体思想政治教育的最好时机，这种结合关键节点的教育，不同于正式群体的硬式灌输，而是在潜移默化中对大学生网络同辈群体进行教育。

以庆祝新中国成立70周年活动为例，网络、电视等各种媒体直播当时的阅兵式、群众欢庆等盛况，大学生的爱国热情和自豪感被深深地激发出来，借此契机，教育者在网络同辈群体中，进行爱国主义教育的效果极佳。此时，群内成员能够接受，愿意接受，而且积极主动参与讨论，核心人物或群主可顺势引导大学生爱国、爱家、爱学习，提高了思想政治教育引导的针对性。这种关键节点，让学生能够将所见、所闻、所感和理论相结合，达成主流价值观对网络同辈群体的有效介入和积极传播的目标。

教育者根据大学生主体意识增强的实际情况和信息媒体时代主流意识

形态供给应体现时代特点的要求,将深奥、乏味的理论文本与数字技术相结合,开发形式多样的多媒体教学材料,以展示主流意识形态,建设能够吸引年轻人的网络平台,设计具有吸引力的内容,突出语言特色,采用贴近学生的互动交流方式,使教育内容和形式由生硬转向柔和,为学生学习、生活、获取知识提供信息服务,增强大学生网络同辈群体的认同感。

以 2020 年暴发的新冠疫情为例,在这举国共渡难关的关键时刻,广大人民群众积极响应国家号召纷纷"蜗居"在家,网络成为居家休闲的主要方式。此时,教育者充分发挥网络同辈群体这一非正式群体的积极作用,及时转发国家、政府、学校及防疫部门公布的防疫数据和相关规定,不仅进一步增强了群内成员对疫情的科学认识,还为稳定群内成员情绪,凝聚力量共同抗击疫情贡献力量。因此,在此关键节点开展网络思想政治教育可达到事半功倍的效果。

随着自媒体时代的发展,大学生网络同辈群体日益成为大学生热衷参与的交流平台和情感交流空间。因此,教育者积极发挥大学生网络同辈群体思想政治教育所形成的思想政治意识形态的传播优势,利用信息技术创新传统教育手段,开拓思想政治教育的新渠道、新空间,积极完成新时代思想政治教育"立德树人"的根本任务,培养合格的社会主义建设者和接班人。

**二、培育大学生网络同辈群体的意见领袖**

(一) 教育者积极吸纳多种类型的网络意见领袖加入大学生网络同辈群体。网络意见领袖是指在大学生网络同辈群体内部具有号召力,以人格魅力或专业背景获得群体其他成员的信任,能够发起或组织群体活动的成员个体。大学生网络同辈群体是自发产生的,群体成员之间有着更高的凝聚力和情感,影响力人物往往处于核心位置,他们是发挥非正式组织积极作用的突破口,他们的言行、思想观念对群体目标和群体规范的确立和改组有着决定性的影响,充分发挥网络意见领袖作为网络时代的榜样和偶像,对于引导大学生价值观正向发展十分重要。在鼓励意见领袖加入时,教育者要着重吸纳三大人群:第一类是以各网络平台共同关注的热点公众人物为主体的社会型意见领袖;第二类是以创造优秀校园文化的以学生为主体的网络同辈群体活跃人物;第三类是以某一领域的专家学者、学生工作者为主体的权威型专业人士。三者对大学生价值观塑造有着不同的作用,都以重点培养网络意见领袖为网络同辈群体理想信念教育的重点工作,调动他们的积极性,增强能动性和自觉性,鼓励意见领袖在网络同辈群体中实施符合主流价值观的思想品德教育工作。教育者做好后备力量的培养工作,提高思想认识,加强理想信念教育,提升辨别能力,创造条件培养他们成为未来影响力人物,掌握网络同辈群体舆论话语权。

(二)教育者注重大学生网络意见领袖的培养,突出其榜样力量的引领示范作用。大学生网络同辈群体的核心意见领袖享有较高的声誉度,其自身言行会对群体其他成员有较大的影响,思想政治教育工作者要支持他们在群体内发挥领导力,虚心听取他们对思想政治教育的想法和意见,把他们的合理化建议吸纳到教育计划中,利用意见领袖在网络同辈群体中的优势身份提升网络同辈群体其他成员的热情,协助正式群体影响网络同辈群体,实现两者的良性互动。

新媒体时代下,网络意见领袖具有较强的号召力,有能力将不同界别的资源进行整合利用,举办独具特色的创意活动,带来热烈讨论的话题内容。网络意见领袖既可以在网络平台发表原创作品,也可以转发或评论其他平台上的作品,并与粉丝们进行互动交流,"通过自身的影响力引导粉丝的思维和观点，可以对社会舆论产生不可忽视的影响力"①。网络意见领袖在传播高质量网络文化、提高网络平台的影响力、增加焦点事件的扩散范围、引领舆论导向和感染网络平台用户等方面具有重要作用。在网络空间，个体的影响能力是由个人能力、人格魅力、语言风格和人际关系决定的，教育者要想发挥意见领袖的正确导向作用，还要加强对他们的责任意识和政治素养的培育，做到有担当、有理性、有眼界、讲政治，使网络同辈群体舆论导向不偏离正常轨道。

（三）教育者建立大学生网络意见领袖工作机制。教育者可以邀请校外各行各业的知名人士，如专家学者、企业家、政府人员等社会型影响力人物加入大学生网络同辈群体思想政治教育工作中，建设一些专门的网站和公众号对网络上各类社会知名人士的言论进行集中汇总、评价，将社会中网络意见领袖具有正面影响力的意见舆论进行传播。把网络意见领袖培养成思想政治教育的代言人，促使思想政治教育内容向网络同辈群体中导入，引导网络同辈群体的舆情导向。根据不同网络同辈群体的不同特点和性质，分门别类进行管理，并选择类型相似的网络意见领袖成为对应网络同辈群体的管理员。利用网络意见领袖在网络同辈群体中的威望，介绍思想政治工作者加入群体内，并加以指导和推荐，使之成为群体内新的意见领袖，以加强主流价值观的传播与引导。

通过线下集中培训和线上个别辅导的方式，培养意见领袖正确的思想观念，提高他们的理论水平、文化积淀和道德素养，提高他们分析问题、解决问题的能力。意见领袖对网络同辈群体观念体系的建立和舆论导向起到关键作用，因此，这些意见领袖是进行网络同辈群体思想政治教育过程中需要特别关注的对象，转变一个意见领袖的思想，就能带动一群人的思

---

① 向世康. 场景式营销：移动互联网时代的营销方法论［M］. 北京：北京时代文化书局，2017：56.

想。意见领袖对网络同辈群体可以产生积极和消极两方面的导向作用，如果意见领袖观念正确、道德高尚、态度积极，就可以促进和提高网络同辈群体的发展水平；若意见领袖观念错误、道德败坏、态度消极，就会破坏网络同辈群体舆论环境，会使群体向错误的方向发展。因此，教育者必须要重视群体内意见领袖的教育和培训工作，提高他们的思想政治水平，发挥他们对网络同辈群体的正确导向作用。对待网络同辈群体中的意见领袖，思想政治教育工作者要提高重视程度，激励他们内在的动力，采取各种有效措施帮助他们发挥出自身优势，让他们利用自身的影响力正确引领大学生网络同辈群体，从而加强大学生网络同辈群体的自我管理与自我教育，最终促进大学生网络同辈群体思想政治教育工作。

### 三、提升大学生网络同辈群体思想政治教育的网络管控力度

（一）教育者完善大学生网络同辈群体思想政治教育的相应管理制度。凡事预则立，不预则废，教育者对大学生网络同辈群体进行思想政治教育，在思想重视的基础上，对应的组织或机构也要有相应的配备，否则，"重视"只是一句空话。教育者可以依据适当情况建立网络同辈群体观察员制度。为观察员提供相应的培训，提供相应的工作条件，建立智能化网络监控系统，通过构建先进的网络信息过滤系统来增强网络同辈群体的舆情监测，全面掌控网络同辈群体管理的主动权。观察员的主要职责就是"观察"，根据网络同辈群体的不同特性，把它们分门别类划分为不同的"群组"，每一个"群组"包含若干个相同性质的网络同辈群体。对每一个"群组"配备相应的管理员，明确管理员的管理责任，建立"群组"档案，档案中要详细记载这个"群组"中所有同辈群体的基本情况。管理员还要建立同辈群体运行日志，详细记录每一个同辈群体思想政治教育动态，并定期将日志内容汇报给教育主管部门。观察员的作用和功能主要是

检测，力求及时、准确地把握网络同辈群体思想动态，对一些网络社会热点、舆论争议要第一时间查清事情原委，能够第一时间发现网络中传播不符合主流价值观的言论，以及大学生网络不当行为，及时向相关部门进行反馈，以便做出合理的对策。观察员就是要时刻关注网络同辈群体的动态，第一时间发现网络中大学生的不良言论，将危险和负面影响提前进行预警和提示。

（二）教育者加强大学生网络同辈群体思想政治教育的舆情监控。教育者要完善网络同辈群体监管体系，除了要设立观察员外，还需设立"代理人"机制，通过建立"代理人"机制，完善网络同辈群体思想政治教育专门人员配备。教育者积极培养和激励网络同辈群体中影响力人物，培养他们作为"隐形代理人"，实现对网络同辈群体进行思想政治教育。"代理人"的主要功能是"发声"，将"代理人"分布在不同的群体中，对重大事件、紧急事件和网络危险性负面事件，第一时间做出相应的解释和正面评价，引导群内成员的舆论导向。同时，及时纠正部分网络成员的错误行为，使网络空间拥有正确的价值导向和政治立场，配合群体内影响力人物做好思想政治教育工作。此外，这些"代理人"不能总是义务奉献或者靠个人觉悟，应给予相应的精神和物质奖励，这样才能吸引更多的"代理人"加入网络同辈群体思想政治教育工作的群体中，让更多的人在网络中实现个人价值。

（三）教育者建立大学生网络同辈群体思想政治教育的舆情危机应对机制。在"观察"和"发声"的基础上，教育者还要对大学生网络同辈群体规律进行研究，才能更好地做好网络预判和针对性的工作。大学生网络同辈群体舆情监控要实现全覆盖，创新监控技术，及时更新监控软、硬件，建立监控数据库。教育者通过科技手段，对网络同辈群体中的舆情数据进行大数据分析，依据分析结果有针对性地对舆情进行正确引导；建设网络自动检测审查机制,建立舆情危机处理预案。充分重视对网络同辈群体思想政治教育行为大数据挖掘分析工作,通过数据分析可以掌握网络同辈群体思想政治教育发展动态,找出数据中所隐含的规律性,依此指导思想政治教育工作。思想政治教育工作者可以利用网络检测系统实时掌握群体成员的舆论导向,及时纠正不正确的思想倾向,通过在网络同辈群体内以恰当时机切入社会主义核心价值观的宣传,也可以通过正式群体、官方媒体等方式,有效影响网络群体内舆论发展走向,优化和净化网络同辈群体舆论环境,牢固掌握网络同辈群体中的舆论阵地。

## 第二节 高校明确大学生网络同辈群体思想政治教育的价值导向

为了实现大学生网络同辈群体作为思想政治教育的加速器作用,高校首先需要明确非正式群体的独特作用,抢占非正式群体思想政治教育的阵地,培养专门的非正式群体工作人员,统一认识,建立有效激励机制,调动各方面的积极性。运用多种手段,推动思想政治教育工作传统优势与现代高科技高度融合,利用网络同辈群体作为平台整合各参与方的优势,提升思想政治教育的效果。

### 一、充分认识大学生网络同辈群体思想政治教育的特殊作用

(一)大学生网络同辈群体可以满足大学生的自我实现和心理需求。大学生网络同辈群体是以感情为基础,因爱好特长而形成的松散、无严密组织体系的网络团体,能够满足成员的多种心理需求,引发情感共鸣,帮助大学生排除焦虑、缓解压力。大学生网络同辈群体是当代大学生日常生活中接触紧密、交流十分频繁的非正式组织,对新时代思想政治教育起助

力的作用，具有变革传统教育手段、创新教育思路的现实价值。网络同辈群体的价值观往往会影响到大学生对各种社会思潮的认识以及对社会道德规范的认知。网络同辈群体思想政治教育要更加贴近生活实际，更加注重社会实践，更加具有自主性，能够使大学生长时间保持关注度，受到一些大学生的推崇和接纳，有利于提高思想政治教育的针对性和实效性。

在实证研究中，关于"网络同辈群体对大学生情感参与影响显著"研究假设成立。大学生小A是一名相对内向的学生，平时与同学相处相对少言，觉得自己没有一技之长甚至缺乏自信。他十分爱好天文知识，自主加入了一个天文学QQ群，在群体内，小A将自己所学知识和群内成员一起分享，不仅讨论热烈、发言积极，受到群内成员的好评，还被群主"委派"担任群内发言的核心人物。小A自信心受到极大的鼓舞，找到个人价值和心理归属感，并将自身的特长发挥到极致，也使他在现实生活中越发自信和乐观，积极参加集体活动，与同学相处越发融洽。这是在大学生正式群体外，开展思想政治教育工作的有益补充的典型案例。因此，要善于依托和发挥大学生网络同辈群体思想政治教育力量，最大程度实现其现实价值。

（二）大学生网络同辈群体可以激发成员深厚的群体责任感和时代使命感。网络同辈群体主要是以情感为纽带而形成的团队群体，群体内部、成员之间、成员和群体核心人物之间几乎是完全平等的，整个群体是相互协作的合作机制，不是从上至下的单向命令或者灌输模式。高校、教育者、群内领袖人物都可以充分利用大学生网络同辈群体内部的沟通方式优势，发挥群体成员之间的情感纽带的团结作用，在尊重群体成员差异性的前提下，强调成员之间的系统合作特点，提升思想政治教育的科学性，增强群内成员的思想政治教育体验，使群内成员在潜移默化中接受教育，提升他们的思想政治修养水平。

（三）大学生网络同辈群体可以提升网络思想政治教育的实践效果。网络同辈群体自发自愿、知行合一的活动特点，有助于深化思想政治教育的实践，能够有效拓展教育的内容，充分发挥网络同辈群体思想政治教育内容的综合性的优点，可以通过大学生网络同辈群体的实践活动达成相关的网络教育目标。由于每个个体在现实世界生活中的成长背景、生活经历各不相同，对思想政治教育具有不同的理解，因此，网络同辈群体需要实事求是，因材施教，充分理解群内成员的文化背景，是提高群内成员思想政治教育实效性的重要途径。

　　开展大学生网络同辈群体思想政治教育活动过程中，高校有效融合互联网新媒体中的海量信息，能够为其提供更加丰富多彩的素材和案例，利用网络传播空间广泛的特点可以扩大群内成员覆盖面。以学生就业数据为例，网络同辈群体将各专业在全国就业情况的大数据资料，提供给群内成员了解、讨论和分析，不同专业、不同年级的成员会针对自己所关心的方面进行研究，找到适合自己的数据，提升自身综合素质，制订相应的学习、就业计划。特别是受新冠疫情影响，毕业生与用人单位基本都是网络沟通，这些高校就业数据在群中及时分享，十分具有针对性，增强了群内成员思想教育活动的实效性，发挥出大学生网络同辈群体对巩固和拓展思想政治教育工作的独特价值。

## 二、筑牢大学生网络同辈群体思想政治教育阵地

　　（一）高校充分发挥大学生网络同辈群体抵制与防范消极因素的功能。大学生网络同辈群体的活动方式对大学生有着重要影响，已成为大学生思想政治教育的新兴重要阵地。网络同辈群体思想政治教育阵地有其复杂性，体现在网络同辈群体中不仅有弘扬主流价值观的思想观念，同时还掺杂各种消极的负面信息。在网络同辈群体中开展思想政治教育工作时，高

校要注重网络同辈群体在防范和抵制网络消极信息的滋生和蔓延,以及在科学处理各种负面、虚假和非主流社会价值观等方面的积极作用。网络信息技术的快速发展使各类媒介平台的信息传播速度更加迅速,影响范围更加广泛,这为思想政治教育工作的开展构建了更加复杂宽广的舆论空间,需要进一步弘扬社会主义主流价值观,用正确舆论引导阵地。随着互联网各类媒体平台的不断发展,大学生网络同辈群体思想政治教育的内容、方式和空间均发生了不同程度的改变和完善,极大扩展了思想政治教育阵地,因此,高校要抓住机遇抢占主流价值观思想的教育阵地。

(二)高校鼓励大学生网络同辈群体开展弘扬社会主义核心价值观的主题教育活动。"高校创造条件丰富和扩展大学生网络同辈群体思想政治教育活动种类和范围,积极开展符合大学生网络同辈群体运行规律的思想政治教育活动,形成线上线下、群内群外和校内校外有机结合,为网络同辈群体开展活动提供有效保障措施。"① 高校通过举办科技文化节、趣味网络竞赛等活动,寓教于乐,多途径进行网络同辈群体思想政治教育渗透。组织大学生网络同辈群体进行社会实践活动,以宣传主流意识形态的活动为主要活动内容。与社会各部门进行广泛联系合作,建立践行社会主义核心价值观的实践基地,将网络同辈群体与实践基地紧密结合,实现思想政治教育从虚拟化到现实化的转变,从而实现线上与线下教育、理论教育和实践教育有机结合和良性互动。不同的网络同辈群体有着自身独特的特点,群体之间的运行方式和文化背景各不相同,高校要充分利用虚拟空间和现实空间的不同活动优势,有效对接教育资源,及时转换教育场景,促进网络同辈群体思想政治教育工作发挥出最大效能。

(三)高校建立被动变为主动的思想政治教育思维模式。值得注意的是,高校在大学生网络同辈群体中开展思想政治教育工作,要避免沿用传

---

① 唐焕韶,范晓莲. 论大学生政治信仰教育[J]. 广西教育,2010(27):16-17.

统灌输式、命令式的教育模式,而要采取新的思想政治教育途径,尽可能多地吸纳大学生组成新的网络同辈群体,组建思想政治教育的主力军,摆脱在其他网络同辈群体中的那种防御式、救火式的被动局面,提前布局思想政治教育工作,变被动为主动,变消极防御为积极出击,以科学性、系统性、超前性的影响融合其他类型的网络同辈群体,更好地提高思想政治教育效果。高校思想政治教育要紧跟政治形势的发展,教育内容要体现时代性和时政性,这就要求高校、教育管理者能够迅速及时广泛地搜集相关信息,发挥大学生网络同辈群体信息传播方面的即时性和高效性优势,巩固思想政治教育阵地,牢牢抓住思想政治教育的主动权。

### 三、培育大学生网络同辈群体思想政治教育的专门人才

(一)高校适时增加大学生网络同辈群体思想政治教育的人力资源储备。从总体上来看,当下真正能在网络同辈群体中有效开展思想政治教育的教育工作者数量并不太多,与正式群体相比,网络同辈群体名师、专家的数量更加稀少。教育者推进教育队伍多样化、专家化建设,拥有一支高素质的教育团队,才能真正实现大学生网络同辈群体思想政治教育的有效开展,教育队伍的素质是影响网络同辈群体思想政治教育质量的重要因素。高校加强教育队伍建设,培养擅长网络思想政治教育的专家学者,是目前网络同辈群体思想政治教育工作的重点和难点。因此高校要重视大学生网络同辈群体思想政治教育的队伍建设,提供有力的保障措施,推进师资培养,加大人才的培养力度。

(二)提升大学生网络同辈群体思想政治教育工作者的网络素养。

首先,培养教育者坚定的政治素养,是开展网络同辈群体思想政治教育的思想保障。教育工作者要增强马克思主义理论修养,把学习经典与学习现代化科技手段相结合,主动加强政治理论学习,提高自身的理论素养

和教育技能,了解各种学术思潮,掌握最前沿的理论和方法。网络同辈群体思想政治教育工作是一种应用性、科学性、艺术性和实践性都极强的工作,帮助教师了解和把握网络同辈群体的规律,将思想政治教育成果同网络同辈群体的开放性和多样性相结合,发挥思想政治教育实践成果的实效性。信息化时代对思想政治教师队伍的建设提出了更高的要求,教育者要有坚定的政治立场、敏锐的政治觉悟、高端的政治站位、较强的心理素质和抗压能力,对海量信息进行有效甄别和筛选,并向网络同辈群体中的大学生传授坚定理想信念教育的有效信息。网络同辈群体思想政治教育工作要想始终保持正确的方向,培养大量的网络同辈群体思想政治教育工作者,才能更好开创思想政治教育的新局面。

其次,增强教育者对大学生网络同辈群体思想政治教育的实践能力。在当前网络新媒体迅速发展的形势下,思想政治教育工作队伍网络技术的水平决定了教育质量,要把重点任务放在提高网络运用技能上,这是做好大学生网络同辈群体思想政治教育工作的关键。教育者应学习互联网新媒体思维模式,不断吸收接纳信息时代教育理念,认真学习掌握新媒体信息传播理论和技术,并将其融合到思想政治教育活动中去。面对互联网数据信息,应用现代化手段,加大思想理论知识量储备,通过培训提升沟通能力,采取多种形式加强对网络思想政治教育专业人员的培训,积极开展校际间网络思想政治教育工作调研和交流,高校可以通过举办教育技能大赛,帮助教育者提高教育综合能力,努力提高网络同辈群体思想政治教育工作的科技含量。培养思想政治教育工作者在大学生网络同辈群体价值观的构建中发挥独特作用,根据大学生网络同辈群体运行的特点,培养和选拔具有网络影响力人物共同参与大学生网络同辈群体思想政治教育工作。

(三)高校健全教育者的工作督查、考核和奖励机制。高校建立科学的大学生网络同辈群体思想政治教育考核与激励机制,研究制定科学的网络同辈群体思想政治教育评价机制，对参与相关教育工作的人员进行业绩考核、技能评估，并依照考核结果给予相应的激励或培训，提供精神激励和物质保障，确保思想政治教育工作人员能够心无旁骛地专注于本职工作。教育工作人员自身要积极提高思想政治教育技能，跟踪互联网发展趋势，充分了解大学生网络同辈群体的运行规律，提高网络空间沟通艺术水平，加强思想政治教育理论学习，做到能够完全胜任网络同辈群体思想政治教育工作。高校建立以教育对象思想认同与行为转化为主要内容的考核评价体系，同时可以参考正式群体的奖惩机制，对优秀网络同辈群体思想政治教育工作者进行表彰，做好人员流动机制，让最适合的教育者做好该项工作，不适合的人员采取换岗等方式进行流动。

## 第三节 教育主客体良性联动发挥大学生网络同辈群体思想政治教育的效能

进一步加深认识，提高重视程度，提升大学生网络同辈群体思想政治教育的实效性，需要全员构建大学生网络同辈群体思想政治教育话语体系，全过程实现大学生网络同辈群体思想政治教育网上网下良性互动，全方位形成大学生网络同辈群体思想政治教育的合力，有效利用大学生网络同辈群体思想政治教育引领网络空间正确方向，发挥社会主义核心价值观的导向优势。

**一、全员构建大学生网络同辈群体思想政治教育话语体系**

（一）教育者把握当代大学生网络同辈群体思想政治教育话语体系的特点。大学生思想政治教育话语体系是指遵循马克思主义理论为核心思想，按照大学生教育规律和语言表达规范，用于教育主客体之间进行交流，"旨在传播社会主流价值观和引导对意识形态正确认知的一系列语言符号组成和架构体系。"① 大学生网络同辈群体作为当前互联网环境下诞生的新型交流平台，大学生在其间使用不同于传统交流方式的话语体系。与大学生有效互动交流是思想政治教育取得成效的基本前提，健全的思想政治教育话语体系为这种互动交流提供了有效保障。

由于网络发展，现实中习惯使用的传统话语方式不适合完全在大学生网络同辈群体空间里继续使用，传统思想政治教育话语模式已经不能够完全适应当今网络时代发展的需要。信息时代对学院式主流话语权也有较大的冲击，这就要求教育者在大学生网络同辈群体中，使用的思想政治教育话语要贴近网络世界的话语习惯，向当代大学生喜欢的交流方式方向转变，创新思维，构建思想政治教育新型话语体系。"要把以往以抽象化的思想政治教育话语体系转变为具有意象特征、容易被青年大学生接受的现代话语体系"②。在网络同辈群体中，教育者使用官方通知语言或命令式语言，成员会极其反感甚至出现反对、讽刺的声音。相反，教育者用网络中流行的网络语言去谈论某一热门话题，成员的参与度会大大提升，并积极发表自己的观点。

基于此，教育者要依据大学生网络同辈群体原生态话语体系为基质，引入马克思主义理论内核，运用现代网络语言元素重构思想政治教育话语体系，坚持教导指引与互动式沟通相结合，构建出呈现新时代特征的、适合网络空间思想政治教育的话语体系。发挥思想政治教育工作者把握政治方向的指导作用，充分尊重和审慎对待大学生在网络同辈群体中的表达内容和表达方式，鼓励大学生在群体内主动发表观点，积极参加思想政治教

---

① 邱仁富. 思想政治教育话语论 [M]. 上海：上海交通大学出版社，2013：28.
② 吴琼，纪淑云. 马克思主义大众化语境中的思想政治教育话语变革 [J]. 求实，2010 (10)：81-84.

育过程中各种话题类讨论，引导群体成员使用思想政治教育话语体系表达观点。

（二）高校进行大学生网络同辈群体思想政治教育话语体系的内容创新。话语内涵需要持续丰富更新，高校需要摒弃传统思想政治教育话语体系中不符合时代需求的话语内容，吸收具有时代感和互联网特征的话语内容，思想政治教育工作适应信息时代大学生的要求。高校开展大学生网络同辈群体思想政治教育话语创新工作，必须要重视话语内涵的丰富化，依据网络话语发展规律，以主流价值观为引领，"对思想政治教育语言进行综合创新，以具有创意的话语体系来吸引学生的加入"①。

高校要善于挖掘经典马克思主义理论和我国优秀传统文化中的思想和精华，丰富大学生网络同辈群体思想政治教育话语体系，建立思想政治教育话语资源数据库，借助大学生网络同辈群体所蕴藏的无穷创造力，对话语资源进行综合创新，提炼出可以应用在大学生网络同辈群体的思想政治教育话语资源，丰富并扩充思想政治教育话语优质资源。同时高校注意搜集大学生网络同辈群体内流行的话语元素，选择其中大学生既喜爱经常使用，又能表达出主流价值理念的网络用语，吸纳到思想政治教育话语体系中，以丰富网络同辈群体思想政治教育话语内容。高校应善于把社会主义核心价值观用网络话语体系进行宣传，将主流意识形态转化为大学生网络同辈群体的价值诉求，力求提高教育话语的传播品质。夯实话语中的知识积淀，提升文化底蕴，增加思想政治教育话语体系中知识价值的"含金量"②，高校通过有效弘扬主流价值观，在网络同辈群体中传递正确观念，积极抢占网络同辈群体的话语权。

（三）网络意见领袖积极促进大学生网络同辈群体思想政治教育的话

---

① 苏明. 创新网络思想政治教育[N]. 中国教育报，2015-02-05（1）.
② 高德毅，宗爱东. 从思政课程到课程思政：从战略高度构建高校思想政治教育课程体系[J]. 中国高等教育，2017（1）：43-46.

语使用方式。大众话语方式更加贴近大学生的生活，具有更强的亲和力和感染力。教育者将思想政治教育与大众网络话语相结合，创造出体现时代要求、符合大学生网络同辈群体口味的思想政治教育话语，选取具有大学生网络同辈群体喜闻乐见的网络流行语，融入思想政治教育语言，创造出符合大学生网络同辈群体教育的话语体系。同时，意见领袖充分利用网络同辈群体中能够发出有权威性话语，可以凝聚共识，整合群体话语内容的优势，发挥其在网络同辈群体话语体系建立过程中的主导作用，在思想政治教育话语体系建构中发挥引领作用。大学生网络同辈群体思想政治教育话语体系要适应网络同辈群体需求，突出传播特色，精准定位传播的受众，用主流价值观完成对各类网络同辈群体的渗透。意见领袖在转变话语表达的基础上，达到对网络同辈群体政治舆论进行规制，将主流价值融入网络同辈群体成员交流互动和舆论传播之中的目的，以网络同辈群体构筑富含主流价值观的话语权阵地，从而为建设科学的网络同辈群体思想政治教育话语体系打下坚实的基石。

网络意见领袖要主动掌握大学生网络同辈群体话语表达习惯，及时依据时代发展趋势对网络同辈群体思想政治教育话语体系做出调整，思想政治教育话语才能更加有效地满足大学生的求知需求。网络意见领袖注重主流话语与网络话语的融合和转化，适当借助创建"热议话题"等模式，营造积极的网络同辈群体舆论状态，把握群体中议题的主导权，创新教育形式，引导网络流行用语与思想政治教育语言的融合协调发展。网络意见领袖提高群体内话语表达的有效性，避免不良话语风格和话语习惯的影响，坚持以对话式交流与通俗化表述丰富网络同辈群体思想政治教育的科学话语内涵。大学生网络同辈群体思想政治教育话语要及时从传统的单向传输向双向、多向的互动方式转变，网络意见领袖需要提升传统思想政治教育话语层级品质，大胆使用符合主流价值观的网络用语，使教育语言生活化，消除核心人物和群体成员之间的话语鸿沟，话语契合大学生群体内在的感性和理性需求，有效转化和提升网络用语为教育话语，做到群内成员易懂、易学和易接受，从而有利于大学生运用新的话语体系学习马克思主义基本原理和践行社会主义核心价值观，发挥思想政治教育话语体系在网络群体中的引领作用。

**二、全过程实现大学生网络同辈群体思想政治教育网上网下良性互动**

（一）发挥大学生网络同辈群体思想政治教育"线上理论和线下实践"相结合的优势。大学生网络同辈群体思想政治教育应充分挖掘线下教育资源，借鉴线下教育模式的优点，有效结合线上线下教育方法，遵照网络空间运行规律，做到线上线下大学生思想政治教育无缝对接，充分发挥出思想政治教育的良好效果。网络同辈群体思想政治教育与传统的线下思想政治教育是虚拟和现实教育的关系。网络同辈群体思想政治教育需要线下长期的理论研究、经验积累、案例分析、队伍建设以及方法创新作为其发展基础。线上线下思想政治教育的互动发展究其本质，是大学生线下思想观念价值观表达在线上网络同辈群体中的真实呈现或延展。因此，需要充分发挥大学生网络同辈群体线上思想政治教育的主导作用，将线上思想引领与线下答疑解惑有机结合，将传统说教模式向平等交流对话模式转变。鼓励大学生网络同辈群体自组织化的线上线下良性互动，推进更多渠道的思想政治教育，注重文化理论知识的掌握，促进学生线上线下行为的一致。转变网络同辈群体思想政治教育观念，加深理解和认识，协同大学生网络同辈群体思想政治教育网上网下一体化建设。

（二）实现大学生网络同辈群体思想政治教育群体内部和群体外部的协同发展。网络同辈群体思想政治教育需要多方支持、共同发展，把群体外与群体内思想政治教育工作进行有机结合，通过全方位、多角度地把握网络群体内大学生的思想动向,"提升思想政治教育工作的针对性,加强理想信念教育力度"①。群体外要继续巩固传统网络教育渠道,扩大教育途径,提升教育实效,继续优化学校传统的门户网站和思想政治教育专题网站界面设计,丰富网站内容,采取丰富多彩的内容链接吸引大学生的关注度。在此基础上,进一步拓展传统的网络思想政治教育辐射范围,各自发挥好思想政治教育两翼阵地作用。群体内要切实加快推进网络教学理论创新工作,丰富教学平台和教育渠道的多样性,重点突出思想政治教育的共享性、时效性和全面受益范围,与群体外教育工作共同实现思想政治教育无死角的全方位、宽领域覆盖。充分利用网络同辈群体深受大学生青睐的特点,整合利用群体外资源,建立相关的群组,推送正确的价值观内容;在群体外也可以通过设立小组讨论、聚餐派对和野外郊游等多种形式组织网络同辈群体思想政治教育主题日活动,充分发挥群体外教育活动对群体内教育活动的有效补充作用。

(三)创新大学生网络同辈群体思想政治教育校内和校外的管控手段。推动校内各类教育与网络同辈群体教育相互合作、相互支持,主动为大学生网络同辈群体思想政治教育活动提供相关教育资源。校内各官方网站或APP要主动和网络同辈群体进行对接,及时将学校思想政治教育优质资源与网络同辈群体教育平台进行共享,及时满足网络同辈群体的教育需求并及时回应网络同辈群体的教育反馈。学校各种资源要对网络同辈群体进行开放,将校内优质教育资源引入网络同辈群体内部,让网络同辈群体能够利用校内教育资源。在校外,注重培养网络同辈群体的"关键少数"作为思想政治教育引领的主要抓手,牢牢把握"网络大V"或意见领袖等影响力人物群体,严格规范网络同辈群体信息传播内容和传播方式,重点加强

---

① 高丽静,王秋慧.网络圈群视域下高校思想政治教育的思考[J].未来与发展,2019(1):96-99.

对群体内舆论导向和思想观念的引领。引进网络影响力人物并加以培训，发挥其在团结网络群体成员和网络舆论导向等方面的积极作用。网络同辈群体拓展了大学生思想政治教育发挥作用的领域，提供了无限机遇，设置了有效手段，同时也让思想政治教育工作者面临极大的挑战。网络同辈群体自身具有不可控的因素，群体发展不稳定、不规范，因此，要塑造正确的网络同辈群体文化价值观，有效凝聚思想政治教育工作人员和同辈群体成员的向心力。

## 三、全方位形成大学生网络同辈群体思想政治教育合力

（一）拓宽大学生网络同辈群体思想政治教育的内容导入途径。教育者促进主流价值观输入与网络同辈群体良性互动，在大学生网络同辈群体中加强主流价值观的传播与引导，把握学生思想动态，引导正确的舆论导向，以达到主流价值观的传播与引导作用。高校将主流价值观传播与网络同辈群体运行模式相适应，充分利用网络同辈群体的优势，提高思想政治教育的针对性、精准性和有效性。"加强主流价值观的柔性传播，在潜移默化中引导网络同辈群体不断加深主流价值观认同"①。

教育者依据学生学习成长过程中所面临的需求，把学生所提出的问题划分为不同类型，以个人或工作组的形式发布思想政治教育引导内容，发表大学生关注的时政分析文章，转发名师名家的公开课等，提高关注度，增加大学生订阅数量，满足学生对思想引导和心理塑造的需求。高校鼓励思想政治教育领域中的名师大家主动组建具有自己品牌特色的网络同辈群体，群体规模大小不限，根据现实需要可以灵活多变，主动吸引学生入群，以解答学生困惑的方式有效导入主流意识形态，利用自己的学术素养和教学经验，采取多种方式与大学生进行交流互动，解答青年学生的人生

---

① 何必夫.把握"网络圈群"舆论引导的主动权［J］.人民论坛，2018（19）：108-109.

困惑和学习上碰到的难题，对错误思潮进行辨析，疏通缓解大学生的焦虑和消极情绪，防止负面消极思潮在网络同辈群体中聚集，通过帮助大学生解决思想上的困惑，从而树立正确的人生方向。

被授予"时代楷模"称号的大连海事大学思想政治理论课教师曲建武教授，于2016年11月17日创立他个人公众号"仍然在路上"，主要分为导员心声、大学文化、多彩之路三个板块。从创建以来，曲建武教授坚持每天撰写文章，原创内容已超过千篇。文章内容涉及他与教师的沟通、和学生的聊天记录，还有他本人感悟，以及对国内外重大事件的阐释和回应，特别是在香港暴乱和新冠疫情期间，他用个人影响力积极影响网络阅读者，最重要的是通过这种方式，引导网上的大学生能够树立正确的世界观、人生观、价值观。

（二）将大学生网络同辈群体思想政治教育纳入素质教育和思想政治教育的轨道。高校推进习近平新时代中国特色社会主义思想"三进"工作，同时也要"进"大学生网络同辈群体。充分发挥大学生网络同辈群体自动、自愿、自发的优势，利用网络同辈群体易沟通、好交流的特性，将思想教育与网络同辈群体文化、素质发展、娱乐等内容相结合，将科学的理论和鲜明的思想，通过各种载体渗透到大学生网络同辈群体中的每个个体身上，"将教育内容与群体内各项活动相结合，让学生在参加群体活动过程中潜移默化接受思想政治教育，会使教育效果更为明显"[①]。

以"学习强国"的学习为例，不仅有政治思想的学习内容，还有大量的基础知识和素质拓展的内容，教育者、意见领袖、名师、群主、核心人物，将官方媒体中十分优秀的素质教育内容及时转发、分享给群内成员，日积月累会对成员产生潜移默化的影响。高校将"学习强国"中一些"科

---

[①] 杨兰英，甘霖，夏少君. 加强网络阵地建设 增强思政教育实效性[J]. 厦门教育学院学报，2008（1）：54-55.

技""文化""大自然"等人文类、常识类的内容有选择性地转发给网络同辈群体,拓展学生的视野,增加学生的课外知识储备,在提升个人素养的同时,也进行了价值观教育。

(三)力图构建以成员自我教育为主体的现代网络思想政治教育模式。充分发挥大学生网络同辈群体思想政治教育的作用,需要高校、教育者和群体共同发力,而群体的自我教育,是思想政治教育的最佳目标。群体中,影响力人物作用较大,他们根据大学生关注学习生活和时事新闻的特点,可以在网络同辈群体中设立"学习交流""时事点评""生活热议"等能引起大学生兴趣、贴近大学生现实生活和学习的板块,以丰富网络同辈群体思想政治教育内容的多样性。并进一步开拓创新思维,充分激发学生自我教育、自主学习的积极性,主动参与群内交流的意识。网络影响力人物在短时间内很难完全实现主流意识形态的引导,需要逐步利用大学生喜闻乐见的方式进行群体小组讨论,掌握各类网络自媒体的操作技能、信息传播方式和舆论引导方式,发挥网络同辈群体的主导作用,构建以学生自我教育为主体的现代网络思想政治教育模式。影响力人物或核心人物应主动与群内成员进行交流,或者鼓励群内成员积极开展群内讨论,发表个人诉求和想法,这种交流既可以选择通过在群体内发布特定的议题开展集体讨论,也可以选择私下对个别核心人物、群主等进行一对一的"小窗"沟通,遵循润物无声和潜移默化的原则,更具针对性地引导群内成员,把主动权掌握在影响力人物手中。

# 第七章

# 结论与展望

## 第一节 结 论

首先,加强培育网络思想政治教育专门人员、意见领袖人物,促进其在信息传播、主流价值取向等方面发挥积极作用;加强大学生网络同辈群体主流价值宣传阵地建设,找准合适的网络同辈群体思想政治教育的切入点,成为实现思想政治教育的基本前提;加强对网络同辈群体思想政治教育,完善管控,引入意见领袖,配置管理部门和专业指导老师,确保大学生网络同辈群体活动开展得合理、合法,符合主流价值观;加强大学生网络同辈群体主流文化弘扬和舆情信息把控,加大主流价值的供给,夯实主流意识形态传播的阵地。大学生网络同辈群体思想政治教育工作必须不断挖掘和应用合理的教育手段和沟通协调机制,努力开创新时代大学生思想政治教育工作的新局面。

其次,大学生网络同辈群体是信息网络空间新生的组织形态,必须坚持价值观引领,坚持时代性与价值性双轮驱动。依据网络同辈群体多样化、聚合化的特征,在主流意识形态和核心价值观念传导的过程中,关注大学生同辈群体对思想政治教育话语体系的内容解构与形式转化,如通过视频、音频、动画、文本、图片等方式对各类社会现象进行层层解码与深度分析,引导大学生群体在无形中认同其观点与立场,引导网络同辈群体议程或话题走向,逐步形成易于感知和接受的群体感情与价值认同。在网络同辈群体思想政治教育过程中,注重主流价值的隐性传播,以贴近大学生生活的方式,提倡以理服人。将主流价值传播引入大学生讨论的日常话题中,通过观点传递或者主题活动,将主流价值思想意识进行再创造、再发展,以潜移默化的方式融入大学生的心里,真正起到弘扬主流价值观、提升大学生文化自信的作用。

最后,不断探索网络与现实、主体和客体、校内与校外等多方面相互结合和相互促进,实现大学生网络同辈群体思想政治教育的最佳效果。大学生网络同辈群体具有非正式组织自发形成和对外排他双重特点,既存在以情感兴趣相近而带来的群体团结和友谊,又存在因管控不严、指导不及时而容易发生非理性言论和行为的危险。主流意识形态对大学生网络同辈群体进行引导,弘扬优秀传统文化,积极传播社会主义主流价值观,增强大学生自我教育意识,不断提升网络同辈群体思想政治教育质量。根据大学生网络同辈群体的特点,主动借助移动互联技术挖掘网络同辈群体中群体的价值需求与行为倾向特质,开发自由群组中网络同辈群体的信息资源,将个体需要与群体需求主动对接;或通过不同网络同辈群体间的积极互动,让大学生们互相交流,互相影响,从而将思想统一在主流价值观上,充分发挥教育主体与教育客体的互动作用。

## 第二节 创新点

大学生网络同辈群体思想政治教育是互联网普及化和思想政治教育不

断发展的现实需求。本书结合社会学和思想政治教育的相关理论,从理论和实证方面对其加以研究,主要创新点如下:

第一,结合网络同辈群体的虚拟性和特殊性,阐释了大学生网络同辈群体思想政治教育主要内容的基本要素。依据思想政治教育、网络思想政治教育的主要内容,提出大学生网络同辈群体思想政治教育内容的确立依据、基本要求和基本要素,重点聚焦政治观教育、道德观教育、人生观教育、学习观教育、生活观教育和网络安全观教育六个方面,为大学生"网络圈群""网络社区"等非正式群体开展思想政治教育提供遵循内容。社会发展状况、相关理论和大学生人格发展状况,是大学生网络同辈群体思想政治教育内容的确立依据;注重教育内容的政治性、针对性、时代性和系统性是大学生网络同辈群体思想政治教育的基本要求;政治观教育、道德观教育、人生观教育、学习观教育、生活观教育和网络安全观教育是大学生网络同辈群体思想政治教育的基本要素。

第二,通过实证研究,确定了大学生网络同辈群体思想政治教育效果影响因素及效果评价。确定影响大学生网络同辈群体思想政治教育的因素,即网络同辈群体、教育因素、学生行为参与、学生情感参与、学生认知参与等因素;并从认知调控、行为调控、态度引导和思想引导四个维度,评价了大学生网络同辈群体思想政治教育效果。大学生网络同辈群体思想政治教育是一个多形式、多维度的复杂系统。通过文献分析、专家访谈、学生座谈等方法,编制相关问卷并分析,统计学变量结果表明,网络同辈群体思想政治教育效果受其各环节要素的影响,呈现出一定的特征和规律,是多种要素耦合的结果。在此基础上确定了大学生网络同辈群体思想政治教育效果影响因素、教育效果,为深化网络同辈群体思想政治教育研究提供基础和支撑。

第三,以学理研究与数据支持为基础,提出了"三位一体"的大学生网络同辈群体思想政治教育的改进对策。大学生网络同辈群体具有大学生群体的普遍性和网络群体的特殊性，对其开展思想政治教育，遵循教育的一般规律指导，同时需要探究其特殊规律，才能更好地达到教育的效果。大学生网络同辈群体思想政治教育存在教育者介入大学生网络同辈群体思想政治教育窘难、高校对大学生网络同辈群体思想政治教育价值认知相对模糊、开展大学生网络同辈群体思想政治教育措施乏力等现实问题；由此，提出了"教育者积极介入—高校价值导向引领—主客体良性联动"的"三位一体"大学生网络同辈群体思想政治教育的改进对策，即教育者积极探寻大学生网络同辈群体思想政治教育的切入点、高校明确大学生网络同辈群体思想政治教育价值导向、教育主客体良性联动发挥大学生网络同辈群体思想政治教育的效能。

## 第三节　展　望

随着大数据、人工智能和5G技术的迅猛发展，大学生网络同辈群体的发展更会日新月异、一日千里。教育者进一步利用网络同辈群体，贯穿主流价值观，帮助学生树立良好的网络价值观和分辨能力，抵御不良信息的影响，仍然需要更加深入地思考和研究。网络世界的多样性和便捷性对青年人产生了极大的吸引力，网络同辈群体对大学生既有有利的一面，也有不利的一面，教育手段也充分利用了网络技术的便捷性，使得当今教育机构和学生都与网络空间产生了千丝万缕的联系。大学生网络同辈群体思想政治教育的研究，引起了越来越多人的关注，本书的研究尚处于起步阶段。

深化大学生网络同辈群体思想政治教育与网络发展变化相结合，充分利用好网络技术的创新和建设作用，避免其冲击性和负面作用，使大学生网络同辈群体思想政治教育与社会的价值规范相得益彰、相辅相成。思想政治教育工作者在重视网络同辈群体思想政治教育的基础上，还要主动把握新技术发展潮流，积极面对，消除恐惧和抵触情绪，积极挑战创造机遇，善于在新技术背景下创新大学生网络同辈群体思想政治教育，为新时代思想政治教育工作创建新思路、开拓新领域、设立新途径。采取有效的教育举措，促进新时代大学生网络同辈群体思想政治教育手段的变革与深化，加强以大学生网络同辈群体为主体的自我调控能力和规范能力，从而提升思想政治教育的效果。

# 参考文献

## 一、中文文献

### （一）专著

[1] 马克思,恩格斯. 马克思恩格斯全集（第 4 卷）[M]. 北京：人民出版社,2002.

[2] 马克思,恩格斯. 马克思恩格斯全集（第 30 卷）[M]. 北京：人民出版社,1995.

[3] 马克思,恩格斯. 马克思恩格斯全集（第 44 卷）[M]. 北京：人民出版社,2001.

[4] 马克思,恩格斯. 马克思恩格斯文集（第 1 卷）[M]. 北京：人民出版社,2009.

[5] 马克思,恩格斯. 马克思恩格斯选集（第 1-4 卷）[M]. 北京：人民出版社,2012.

[6] 列宁. 列宁选集（第 1-4 卷）[M]. 北京：人民出版社,1995.

[7] 毛泽东. 毛泽东选集（第 1-4 卷）[M]. 北京：人民出版社,1991.

[8] 邓小平. 邓小平文选（第 1-3 卷）[M]. 北京：人民出版社,1994.

[9] 江泽民. 江泽民文选（第 1-3 卷）[M]. 北京：人民出版

社, 2006.

[10] 江泽民. 在庆祝中国共产党成立八十周年大会上的讲话 [M]. 北京：人民出版社, 2001.

[11] 毛泽东邓小平江泽民论思想政治工作 [M]. 北京：人民出版社, 2000.

[12] 胡锦涛. 胡锦涛文选（第1-3卷）[M]. 北京：人民出版社, 2016.

[13] 胡锦涛. 在庆祝清华大学建校100周年大会上的讲话 [M]. 北京：人民出版社, 2011.

[14] 胡锦涛. 坚定不移沿着中国特色社会主义道路前进为全面建成小康社会而奋斗——在中国共产党第十八次全国代表大会上的报告 [M]. 北京：人民出版社, 2012.

[15] 习近平. 习近平谈治国理政 [M]. 北京：外文出版社, 2014.

[16] 习近平. 习近平谈治国理政（第二卷）[M]. 北京：外文出版社, 2017.

[17] 习近平. 习近平谈治国理政（第三卷）[M]. 北京：外文出版社, 2020.

[18] 习近平. 习近平谈治国理政（第四卷）[M]. 北京：外文出版社, 2022.

[19] 社会主义核心价值体系学习读本 [M]. 北京：学习出版社, 2009.

[20] 中国梦学习读本 [M]. 北京：新华出版社, 2013.

[21] 关于培育和践行社会主义核心价值观的意见 [M]. 北京：学习出版社, 2013.

[22] 习近平总书记系列重要讲话读本 [M]. 北京：学习出版社、人民出版社, 2016.

[23] 习近平总书记党的新闻舆论工作座谈会重要讲话精神学习辅助材料[M]. 北京：学习出版社，2016.

[24] 习近平. 决胜全面建成小康社会 夺取新时代中国特色社会主义伟大胜利——在中国共产党第十九次全国代表大会上的报告[M]. 北京：人民出版社，2017.

[25] 习近平. 在纪念马克思诞辰200周年大会上的讲话[M]. 北京：人民出版社，2018.

[26] 习近平. 在庆祝改革开放40周年大会上的讲话[M]. 北京：人民出版社，2018.

[27] 中共中央宣传部. 习近平新时代中国特色社会主义三十讲[M]. 北京：学习出版社，2018.

[28] 习近平. 在北京大学师生座谈会上的讲话[M]. 北京：人民出版社，2018.

[29] 习近平. 在纪念五四运动100周年大会上的讲话[M]. 北京：人民出版社，2019.

[30] 中共中央宣传部. 习近平新时代中国特色社会主义思想学习纲要[M]. 北京：学习出版社，人民出版社，2019.

[31] 习近平. 习近平总书记在出席庆祝中华人民共和国成立70周年系列活动时的讲话[M]. 北京：人民出版社，2019.

[32] 习近平. 在"不忘初心、牢记使命"主题教育工作会议上的讲话[M]. 北京：人民出版社，2019.

[33] 习近平. 在统筹推进新冠肺炎疫情防控和经济社会发展工作部署会议上的讲话[M]. 北京：人民出版社，2020.

[34] 习近平. 关于网络强国论述摘要[M]. 北京：中央文献出版社，2021.

[35] 中共中央关于党的百年奋斗重大成就和历史经验的决议[M]. 北京：人民出版社，2021.

[36] 习近平. 高举中国特色社会主义伟大旗帜为全面建设社会主义现代化国家而团结奋斗——在中国共产党第二十次全国代表大会上的报告[M]. 北京：人民出版社，2022.

[37] 陈秉公. 思想政治教育学原理[M]. 北京：高等教育出版社，2006.

[38] 陈力丹. 舆论学：舆论导向研究[M]. 北京：中国广播电视出版社，1999.

[39] 陈万柏，张耀灿. 思想政治教育学原理（第二版）[M]. 北京：高等教育出版社，2008.

[40] 陈万柏. 思想政治教育载体论[M]. 武汉：湖北人民出版社，2003.

[41] 陈正良. 冲突与整合德育环境的系统建构[M]. 北京：中国社会科学出版社，2005.

[42] 崔海英. 大学生非正式组织影响力研究[M]. 北京：中国经济出版社，2009.

[43] 戴艳军. 思想政治教育原理案例分析[M]. 北京：中国人民大学出版社，2012.

[44] 风笑天. 社会调查中的问卷设计[M]. 天津：天津人民出版社，2002.

[45] 冯维. 高等教育心理学[M]. 重庆：重庆出版社，2006.

[46] 顾明远. 教育大辞典（第六卷）[M]. 上海：上海教育出版社，1992.

[47] 郭庆光. 传播学教程[M]. 北京：中国人民大学出版社，2013.

[48] 洪晓楠. 当代西方社会思潮研究[M]. 北京：人民出版社，2017.

[49] 胡昌龙. 虚拟社会网络下集群行为感知与规律研究[M]. 武

汉：武汉大学出版社，2016.

[50] 黄超. 高校网络思想政治教育研究 [M]. 广州：中国出版集团，2013.

[51] 黄育馥. 人与社会——社会化问题在美国 [M]. 沈阳：辽宁人民出版社，1986.

[52] 教育部. 加强和改进大学生思想政治教育重要文献选编 [M]. 北京：中国人民大学出版社，2008.

[53] 教育部思想政治工作司组. 加强和改进大学生思想政治教育重要文献选编（1978-2008）[M]. 北京：中国人民大学出版社，2008.

[54] 金国华. 青年学 [M]. 北京：北京青年出版社，1998.

[55] 金盛华，张杰. 当代社会心理学导论 [M]. 北京：北京师范大学出版社，2004.

[56] 金盛华. 社会心理学 [M]. 北京：高等教育出版社，2005.

[57] 刘德华. 马克思主义思想政治教育著作导读 [M]. 北京：高等教育出版社，2001.

[58] 刘同舫. 马克思人类解放思想史. 北京：人民出版社，2019.

[59] 鲁洁. 德育新论 [M]. 南京：江苏教育出版社，2000.

[60] 鲁洁. 教育社会学 [M]. 北京：人民教育出版社，2001.

[61] 彭聃龄. 普通心理学 [M]. 北京：北京师范大学出版社，2001.

[62] 钱民辉. 教育社会学概论（第四版）[M]. 北京：北京大学出版社，2017.

[63] 邱富仁. 思想政治教育话语论 [M]. 上海：上海交通大学出版社，2013.

[64] 瞿葆奎. 教育基本理论之研究 [M]. 福建：福建教育出版社，1998.

[65] 曲建武. 爱是教育的灵魂 [M]. 北京：人民出版社，2018.

[66] 全国 13 所高等院校《社会心理学》编写组. 社会心理学 [M]. 天津：南开大学出版社，2003.

[67] 全国十二所重点师范大学联合编写. 教育学基础 [M]. 北京：教育科学出版社，2004.

[68] 沈国权. 思想政治教育环境论 [M]. 上海：复旦大学出版社，2002.

[69] 时蓉华. 教育社会心理学 [M]. 北京：世界图书出版公司，1993.

[70] 孙正聿. 哲学通论 [M]. 沈阳：辽宁人民出版社，2000.

[71] 唐亚阳，等. 网络思想政治教育学 [M]. 北京：人民出版社，2016.

[72] 王嘉. 网络意见领袖研究——基于思政政治教育视域 [M]. 北京：中国文史出版社，2014.

[73] 吴满意，等. 网络思想政治教育理论前沿问题研究 [M]. 成都：四川大学出版社，2019.

[74] 武天林. 马克思主义人学导论 [M]. 北京：中国社会科学出版社，2006.

[75] 习近平的七年知青岁月 [M]. 北京：中共中央党校出版社，2017.

[76] 向世康. 场景式营销：移动互联网时代的营销方法论 [M]. 北京：北京时代文化书局，2017.

[77] 邢贲思. 哲学前沿问题述要 [M]. 北京：人民出版社，1993.

[78] 燕道成. 群体性事件中的网络舆情研究 [M]. 北京：新华出版社，2013.

[79] 杨昌勇，郑淮. 教育社会学 [M]. 广州：广东人民出版社，2005.

[80] 杨建义. 大学生文化认同与价值引领 [M]. 北京：社会科学文献出版社，2013.

[81] 俞文钊. 管理心理学 [M]. 上海：东方出版中心，2002.

[82] 张声雄. 第五项修炼导读 [M]. 上海：上海三联书店，2001.

[83] 张耀灿，陈万柏. 思想政治教育学原理 [M]. 北京：高等教育出版社，2007.

[84] 张耀灿. 现代思想政治教育学 [M]. 北京：人民出版社，2001.

[85] 张友琴等. 社会学概论（第二版）[M]. 北京：科学出版社，2018.

[86] 张玉亮. 虚拟社会治理创新研究 [M]. 郑州：河南人民出版社，2016.

[87] 张再兴等. 网络思想政治教育研究 [M]. 北京：经济科学出版社，2009.

[88] 章志光，金盛华. 社会心理学 [M]. 北京：人民教育出版社，1996.

[89] 郑杭生. 社会学概论新修（第三版）[M]. 北京：中国人民大学出版社，2003.

[90] 郑永廷. 思想政治教育方法论 [M]. 北京：高等教育出版社，1999.

[91] 周晓虹. 现代社会心理学：多维视野中的社会行为研究 [M]. 上海：上海人民出版社，1997.

[92] 雅斯贝尔斯. 什么是教育 [M]. 邹进，译. 北京：生活·读书·新知三联书店，1991.

[93] 古斯塔夫·勒庞. 大众心理研究 [M]. 冯克利，译. 北京：中央编译出版社，2004.

[94] AlbertBendura. 社会学习理论 [M]. 台北：桂冠图书公司, 1995.

[95] M·米德. 文化与承诺 [M]. 石家庄：河北人民出版社, 1987.

[96] 埃里奥特·阿伦森. 社会性动物 [M]. 北京：新华出版社, 2001.

[97] 大卫·理斯蔓. 孤独的人群 [M]. 南京：南京大学出版社, 2002.

[98] 戴维·波普诺. 社会学（第十一版）[M]. 北京：中国人民大学出版社, 2008.

[99] 杰克·D.道格拉斯，弗兰西斯·C·瓦克斯勒. 越轨社会学概论 [M]. 张宁，朱欣民，译. 石家庄：河北人民出版社, 1987.

[100] 马斯洛. 动机与人格 [M]. 北京：中国人民大学出版社, 2007.

[101] 马歇尔·麦克卢汉. 理解媒介——论人的延伸 [M]. 何道宽，译. 南京：译林出版社, 2011.

[102] 迈克儿·罗斯金等. 政治学 [M]. 林震，等，译. 北京：华夏出版社, 2002.

[103] 米德. 自灵、自我与社会 [M]. 上海：上海译文出版社, 2005.

[104] 欧文·戈尔曼. 日常生活的自我呈现 [M]. 浙江：浙江人民出版社, 1989.

[105] 乔纳森·布期. 自我 [M]. 北京：人民邮电出版社, 2004.

[106] 斯蒂芬P.罗宾斯，戴维A.德森佐等. 管理学原理与实践（原书第9版）[M]. 毛蕴诗，主译. 北京：机械工业出版社, 2017.

[107] 伊恩·罗伯逊. 现代西方社会学 [M]. 赵明华，等，译. 郑州：河南人民出版社, 1988.

[108] 约翰·斯科特. 社会网络分析法（英文第3版）[M]. 刘军译, 重庆：重庆大学出版社, 2016.

[109] T. 胡森, T. N. 波斯尔斯韦特. 教育大百科全书（第二卷）[M]. 重庆：西南大学出版社, 海口：海南出版社, 2006.

（二）期刊论文

[110] 步德胜, 马兵. 同辈群体——青少年思想政治教育的理想平台[J]. 德育探索, 2006 (6).

[111] 陈国海. 论大学生"同辈心理咨询"教育[J]. 江苏高教, 1997 (2).

[112] 陈立辉. 互联网与社会组织模式重塑：一场正在进行的深刻社会变迁[J]. 社会学研究, 1998 (6).

[113] 陈伟, 熊静. 微信圈层中的思想政治教育话语权：表现境遇及提升路径[J]. 思想理论教育, 2016 (5).

[114] 陈向明. 扎根理论的思路和方法[J]. 教育研究与实验, 1999 (4).

[115] 陈业林. 高校网络圈群舆情的特征、影响因素及引导策略[J]. 广东开放大学学报, 2017 (3).

[116] 陈毅松. 思想政治教育中同辈群体的作用分析与对策研究[J]. 求实, 2006 (9).

[117] 陈正良. 同辈群体环境对青少年发展的影响[J]. 宁波大学学报（教育科学版）, 2004 (5).

[118] 陈志勇. "圈层化"困境：高校网络思想政治教育的新挑战[J]. 思想教育研究, 2016 (5).

[119] 程池超, 雷贵荣. 微信社群对高校思想政治教育的影响及提升效力策略[J]. 河海大学学报（哲学社会科学版）, 2017 (6).

[120] 崔凯. 当代青年道德素质现状研判[J]. 西北民族大学学报（哲学社会科学版）, 2013 (Z1).

[121] 第天骄. 大学生网络流行语的使用现状、价值冲击及其应对策略 [J]. 知与行, 2018 (6).

[122] 段洪涛, 赵欣. 高校网络圈群的特征及其舆情治理研究 [J]. 思想理论教育, 2015 (3).

[123] 方兵. "互联网+"时代大学生新型网络安全观培育研究 [J]. 华北理工大学学报（社会科学版）, 2019 (4).

[124] 方曦, 孙绍勇. 网络圈群视域下高校青年思想引领的路径探析 [J]. 思想理论教育导刊, 2017 (10).

[125] 富旭. 网络社群环境下思想政治教育模式的构建 [J]. 思想理论教育, 2017 (7).

[126] 高德毅, 宗爱东. 从思政课程到课程思政：从战略高度构建高校思想政治教育课程体系 [J]. 中国高等教育, 2017 (1).

[127] 高丽静, 王秋慧. 网络圈群视域下高校思想政治教育的思考 [J]. 未来与发展, 2019 (2).

[128] 高中建, 孙嵩. 青少年同辈群体道德修养分析 [J]. 教育探索, 2009 (2).

[129] 宫必京. 班级和同辈群体的比较研究 [J]. 南京师大学报（社会科学版）, 1994 (3).

[130] 何必夫. 把握"网络圈群"舆论引导的主动权 [J]. 人民论坛, 2018 (19).

[131] 何军. 论青少年学生非正式群体的消极功能及教育管理 [J]. 青年研究, 1992 (1).

[132] 胡德平, 赵静雯. 主流理论在微博场域的生长空间、表达困境与发展策略 [J]. 思想理论教育, 2014 (2).

[133] 胡冬梅. 当代大学生的越轨行为及对策 [J]. 中南民族大学学报, 2004 (5).

[134] 胡文靖, 陶漫, 杨仕勇. 结构功能主义视野里的大学生同辈群

体功能双重性研究[J].科技信息,2009(4).

[135] 胡文靖.大学生同辈群体的类型和特征初探——以安徽科技学院为例[J].文教资料,2009(4).

[136] 华为国,任小艳.思想政治教育效果评价标准的理性审视[J].思想理论教育,2013(15).

[137] 贾亚君.自媒体语境下高校思想政治理论课教学话语创新探索[J].未来与发展,2014(5).

[138] 金盛华,宋振韶.当代青少年同辈交往的影响机制以及引导[J].北京师范大学学报(人文社会科学版),2000(5).

[139] 康宇.刍议同辈群体对大学生价值观的影响[J].文教资料,2011(13).

[140] 兰国强.班级群体中后进生同辈关系的研究[J].心理发展与教育,1990(3).

[141] 李慧萍.同辈群体与当代青少年思想政治教育探析[J].学理论,2014(12).

[142] 李晓光,闫华.大学生思想政治教育的学习型网络社群构建研究[J].思想教育研究,2019(6).

[143] 李颖.关于同辈群体对大学生社会化影响的调查研究——对绍兴文理学院1080名学生"同辈群体"影响的调查[J].广西教育学院学报,2005(5).

[144] 李永娜.微文化背景下大学生主流意识形态认同的挑战与对策[J].学术论坛,2016(4).

[145] 梁宇嫣.同辈群体对大学生思想政治教育的作用机制及其实现[J].内蒙古电大学刊,2012(1).

[146] 刘春雪.同辈群体对青少年道德社会化影响的心理机制研究[J].湖北社会科学,2008(9).

[147] 刘广乐.网络圈群视阈下高校学生理想信念教育探究[J].

学校党建与思想教育，2019（13）.

［148］刘俊峰．大学生同辈群体的发展与辅导员工作范式优化研究［J］．思想教育研究，2010（9）.

［149］刘少杰：网络化时代的社会结构变迁［J］．学术月刊，2012（10）.

［150］吕雪梅．当今大学生人际关系的一种典型现象研究——师生关系疏远同辈群体影响突显［J］．科教文汇（上旬刊），2014（1）.

［151］冉冉，李吉文．同辈群体对大学生社会化的影响［J］．科技信息，2010（18）.

［152］佘双好，李秀，魏晓辉．不同社会群体对中国特色社会主义理论体系认同分析［J］．江西师范大学学报（哲学社会科学版），2017（2）.

［153］佘双好．大学生中实施中国特色社会主义理论体系普及计划的影响因素分析［J］．高校辅导员，2015（6）.

［154］沈培辉．"微时代"下大学生思想政治教育工作研究——基于传播学视角的思考［J］．高校辅导员学刊，2013（4）.

［155］石明兰．同辈群体对青少年发展的积极作用［J］．太原师范学院学报（社会科学版），2006（1）.

［156］苏英姿．大学生朋辈心理辅导模式的构建［J］．玉林师范学院学报，2006（4）.

［157］孙红．寓大学生国家安全教育于高校思想政治理论课教学的模式［J］．黑龙江教育学院学报，2019（7）.

［158］孙丽芳．同辈群体与当代青少年思想政治教育初探［J］．哈尔滨学院学报，2007（9）.

［159］孙丽华．青少年同辈群体的社会学分析［J］．江苏教育学院学报，2006（4）.

［160］孙苓，徐成芳，刘岩．大学生同辈群体思想政治教育研究述评

[J].江西师范大学学报(哲学社会科学版),2015(5).

[161]孙义.论大学生同辈群体的心理互动[J].江苏高教,2009(5).

[162]谭莉.论同辈群体对青少年社会化的影响[J].科教文汇(下旬刊),2007(10).

[163]谭毅.青年网民的网络民粹主义行为:原因、表现及管控[J].青年探索,2014(6).

[164]唐焕韶,范晓莲.论大学生政治信仰教育[J].广西教育,2010(27).

[165]仝泽民."圈层化"视域下高校网络思想政治教育对策[J].高校辅导员,2018(3).

[166]汪頔.新媒体对"90后"大学生思想政治教育的新挑战[J].思想教育研究,2010(1).

[167]王丹,刘畅,张振垚.社会主义核心价值观认同量表的构建研究[J].北京教育(德育),2019(9).

[168]王贺.大学生网络交往"圈层化"的困境及对策[J].江苏高教,2017(3).

[169]王吉,刘训飞.网络中的虚拟同辈群体刍议[J].边疆经济与文化,2006(4).

[170]王阳,张攀.个体化存在与圈群化生活:青年群体的网络社交与圈群现象研究[J].中国青年研究,2018(2).

[171]王玉珠.微信舆论场:生成、特征及舆情效能[J].情报杂志,2014(7).

[172]魏明珠,张海涛,刘雅姝,徐海玲.多维属性融合的社交媒体高影响力人物画像研究[J].图书情报知识,2019(5).

[173]魏晓文,郝连儒.十六大以来大学生思想政治教育理论的创新发展[J].思想理论教育导刊,2013(9).

[174] 魏晓文,修新路. 大学生社会主义核心价值观认同的影响因素与培育对策[J]. 大连理工大学学报(社会科学版),2018(5).

[175] 吴华. 网络中虚拟同辈群体刍议[J]. 教书育人,2008(9).

[176] 吴琼,纪淑云. 马克思主义大众化语境中的思想政治教育话语变革[J]. 求实,2010(10).

[177] 吴亚荣. 同辈群体及其对青少年社会性发展的影响[J]. 北京青年政治学院学报,2009(1).

[178] 武朝明. 论青少年同辈群体压力的引导[J]. 学校党建与思想教育,2009(24).

[179] 武纯. 同辈群体影响青少年消费行为的成因[J]. 赤峰学院学报(自然科学版),2013(15).

[180] 徐美英,郭亮. 同辈群体在大学生思想政治教育工作中的效用研究[J]. 科学咨询(科技·管理),2011(4).

[181] 徐振祥. 新媒体:大学生思想政治教育的机遇与挑战[J]. 思想政治教育研究,2007(6).

[182] 许燕平,郝程光. 试论朋辈群体对大学生价值观的影响[J]. 学校党建与教育,2009(28).

[183] 薛云云,张立强. 网络圈群中的思想政治教育:问题检视与对策思考[J]. 思想教育研究,2017(2).

[184] 闫茹. 同辈群体文化与当代学校道德教育应对[J]. 科教文汇(上旬刊),2008(12).

[185] 杨军,林琳. 我国网络群体极化研究述评[J]. 西南民族大学学报,2012(11).

[186] 杨兰英,甘霖,夏少君. 加强网络阵地建设,增强思政教育实效性[J]. 厦门教育学院学报,2008(1).

[187] 姚进凤,李志德. 大学生同辈群体的构成、影响与教育对策分

析[J]. 科技信息, 2009 (14).

[188] 姚俊, 张丽. 网络同辈群体: 影响青少年社会化过程一个不容忽视的因素[J]. 青年探索, 2004 (2).

[189] 姚俊, 张丽. 网络同辈群体与青少年社会化[J]. 当代青年研究, 2004 (4).

[190] 叶荔辉. 高校"网络圈群"舆论引导的困境及路径[J]. 思想教育研究, 2018 (1).

[191] 余慧. 同辈群体对大学生思想政治教育的影响[J]. 福建论坛 (社科教育版), 2009 (10).

[192] 宇文利. 论思想政治教育效度的测评[J]. 思想理论教育导刊, 2010 (3).

[193] 张昊. 当代大学生越轨行为探析[J]. 黑龙江高教研究, 2004 (2).

[194] 张家军. 论学生同辈群体的作用及其实现机制[J]. 当代教育科学, 2009 (11).

[195] 张璐斯. 运用大学网络社群创新高校思想政治教育研究[J]. 学校党建与思想教育, 2019 (2).

[196] 赵璐. "我"与"我们": 网络交往中的身份认同建构——以豆瓣网为案例的研究[J]. 东南传播, 2014 (2).

[197] 赵雪. 自媒体时代大学生思想政治教育话语创新研究[J]. 长春师范大学学报, 2017 (1).

[198] 郑思明, 阳志平, 程利国. 青少年社会网络结构及其对人际关系的影响[J]. 当代青年研究, 2003 (1).

[199] 周华, 余满玖. 军校学员"同辈群体"现象探析[J]. 军队政工理论研究, 2001 (3).

[200] 朱安安. 同辈群体对大学生价值观影响的社会学研究[J]. 广东教育学院学报, 2000 (2).

[201] 朱鸿彬. 同辈群体对学生社会化的积极影响 [J]. 文教资料, 2005（4）.

[202] 冯振凯. 网络流行语对大学生社会主义核心价值观培育影响研究 [D]. 南昌：南昌航空大学, 2016.

[203] 黄永宜. 网络思想政治教育理论研究 [D]. 重庆：西南大学, 2011.

[204] 季海菊. 新媒体时代高校思想政治教育研究 [D]. 南京：南京师范大学, 2013.

[205] 李青青. 社交媒体中青年网民的信息互动与平衡机制研究 [D]. 武汉：华中科技大学, 2014.

[206] 王嘉. 思想政治教育视域下的网络意见领袖研究 [D]. 大连：大连理工大学, 2013.

[207] 王丽君. 大学生网络思想政治教育研究 [D]. 西安：陕西师范大学, 2018.

[208] 吴頔. 思想政治教育视角下高校突发性群体事件研究 [D]. 南京：南京理工大学, 2013.

[209] 谢继华. 大数据视阈下高校网络思想政治教育创新研究 [D]. 成都：电子科技大学, 2018.

[210] 张世昌. 思想政治教育话语转换研究 [D]. 哈尔滨：东北林业大学, 2018.

[211] 周福. 群体思想政治教育研究 [D]. 武汉：武汉理工大学, 2016.

[212] 周巍. 数字媒体时代的意见领袖研究 [D]. 上海：复旦大学, 2013.

（三）报纸及其他文献

[213] 习近平. 主持召开学校思想政治理论课教师座谈会强调：用新时代中国特色社会主义思想铸魂育人贯彻党的教育方针落实立德树人根本

任务[N].人民日报,2019-03-19(1).

[214]习近平.坚定文化自信把握时代脉搏聆听时代声音坚持以精品奉献人民用明德引领风尚[N].人民日报,2019-03-05(1).

[215]习近平.在全国高校思想政治工作会议上强调:把思想政治工作贯穿教育教学全过程开创我国高等教育事业发展新局面[N].人民日报,2016-12-09(1).

[216]习近平.在哲学社会科学工作座谈会上的讲话[N].人民日报,2016-05-19(2).

[217]习近平.在庆祝中国共产党成立95周年大会上的讲话[N].人民日报,2016-07-02(2).

[218]陈宝生.高等教育要坚持以本为本、推进四个回归———新时代全国高等学校本科教育工作会议[R].2018-6-21.

[219]教育部.关于深化新时代学校思想政治理论课改革创新的若干意见[S].2019.

[220]教育部.新时代高校思想政治理论课教学工作基本要求[S].2018.

[221]中共中央国务院.关于进一步加强和改进大学生思想政治教育的意见(中发〔2004〕16号文件)[S].2004.

[222]中共中央国务院.关于加强和改进新形势下高校思想政治工作的意见(中发〔2017〕31号文件)[S].2017.

[223]王鉴.教育学研究的新领域:学生的日常生活世界[N].光明日报(理论周刊),2006-07-10(12).

[224]苏明.创新网络思想政治教育中国教育报[N].2015-2-5(1).

[225]中国互联网络信息中心(CNNIC)[S].第46次中国互联网络发展状况统计报告,2021.

## 二、外文文献

### （一）著作

［1］ Benson P, Teaching and Researching Autonomy in Language Learning ［M］. Pearson Education, 2001.

［2］ Berkman L F, The Relationship of Social Internets and Social Support to Morbidity and Mortality ［M］. Orlando, Academic Press, 1985.

［3］ Brissette I, Cohen S, Seeman T E, Measuring Social Integration and Social Internets ［M］. Toronto, Oxford University Press, 2000.

［4］ Cohen S, Syme S L, Issues in The Study and Application of Social support ［M］. Toronto, Academic Press, 1985.

［5］ Families, Intergenerationality, and Peer Group Relations ［M］. Springer Singapore, 2018.

［6］ Finder M. Just Girls, Hidden literacy and life in Junior Highschool ［M］. New York: National Council of teachers of English teachers College Press, 1997.

［7］ Gardner, D. Miller, L. Establishing Self-access from Theory to Practice ［M］. CUP, 1999.

［8］ Harper Melinda S, Allegretti Christine L, Transition to Success: Training Students to Lead Peer Groups in Higher Education ［M］. Momentum Press, 2017.11

［9］ Kelly, Brynn M, Popularity in the Peer Group and Exposure to Community Violence During Adolescence ［M］. UMI Dissertation Publishing, 2012.

［10］ Lakey B, Cohen S, Social Support Theory and Measurement ［M］. Toronto, Oxford University Press, 2000.

［11］ Olufemi Fawole, Parenting Styles and Peer Group Influence on Juvenile Delinquents: A study of borstal institutions in Nigeria ［M］. Lap Lambert Academic Publishing, 2010.

[12] Sally Henry, Bullying as a Social Pathology: A Peer Group Analysis [M]. Em Text, 2008.

[13] Shi Bing, Peer Group Socialization of Aggression in Early Adolescence: Social status, group characteristics, and individual Differences [M]. UMI Dissertation Publishing, 2011.

（二）期刊论文

[14] Allen David, The Resourceful Facilitator: Teacher Leaders Constructing Identities as Facilitators of Teacher Peer Groups [J]. Teachers and Teaching, 2016, Vol. 22 (1): 70-83.

[15] Allison Gemma, Harrop Chris, Ellett Lyn, Histo Viewer, An Interactive E-Learning Platform Facilitating Group And Peer Group Learning [J]. The British Journal of Clinical Psychology/The British Psychological Society, 2013, Vol. 52 (1): 1-11.

[16] Ambrose Mark, Murray Linda, Handoyo Nicholas E, Learning Global Health: A Pilot Study of An Online Collaborative Intercultural Peer Group Activity Involving Medical Students in Australia and Indonesia [J]. Bmc Medical Education, 2017, Vol. 17 (10): 1-11.

[17] Battaglini Marco, Diaz Carlos, Patacchini Eleonora, Self-Control and Peer Groups: An Empirical Analysis [J]. Journal of Economic Behavior & Organization, 2017, Vol. 134: 240-254.

[18] Bohmelt Tobias, Ruggeri Andrea, Pilster Ulrich, Counterbalancing Spatial Dependence And Peer Group Effects [J]. Political Science Research and Methods, 2017, Vol. 5 (2): 221-239.

[19] Celeste Laura, Meeussen Loes, Verschueren Karine, Minority Acculturation and Peer Rejection: Costs of Acculturation Misfit With Peer-Group Norms [J]. British Journal of Social Psychology, 2016, Vol. 55 (3): 544-563.

［20］Cianciolo Anna T. Kidd Bryan, Murray Sean, Observational Analysis of Near-Peer and Faculty Tutoring in Problem-Based Learning Groups［J］. Medical Education, 2016, Vol. 50 (7): 757-767.

［21］Closson Leanna M. Watanabe Lori, Popularity in The Peer Group and Victimization Within Friendship Cliques During Early Adolescence［J］. Journal of Early Adolescence, 2018, Vol. 38 (3): 327-351.

［22］Dumas Tara M, Ellis Wendy E, Wolfe David A, Identity Development as A Buffer of Adolescent Risk Behaviors in The Context of Peer Group Pressure and Control［J］. Journal of Adolescence, 2012, Vol. 35 (4): 917-927.

［23］DumasTara M. Davis Jordan P. Neighbors Clayton, How Much Does Your Peer Group Really Drink? Examining the Relative Impact of Overestimation, Actual Group Drinking and Perceived Campus Norms on University Students' Heavy Alcohol Use［J］. Addictive Behaviors, 2019, Vol. 90: 409-414.

［24］Dumenco Luba, Engle Deborah L. Goodell, Kristen, Expanding Group Peer Review: A Proposal for Medical Education Scholarship［J］. Academic Medicine, 2017, Vol. 92 (2): 147-149.

［25］Fuqua Juliana L, Gallaher Peggy E, Unger Jennifer B, Trinidad Dennis R, Sussman Steve, Ortega Enrique, Johnson C Anderson, Multiple Peer Group Self-Identification and Adolescent Tobacco Use［J］. Substance Use and Misuse, 2012, Vol. 47 (6): 757-766.

［26］Gioia, Francesca, Peer Effects on Risk Behavior: The Importance of Group Identity［J］. Experimental Economics, 2017, Vol. 20 (1): 100-129.

［27］Gommans Rob, Muller Christoph M. Stevens Gonneke W. J. M, Individual Popularity, Peer Group Popularity Composition and Adolescents' Alcohol Consumption［J］. Journal of Youth and Adolescence, 2017, Vol. 46 (8):

1716-1726.

[28] Graupensperger Scott, Turrisi Rob, Jones Damon, Longitudinal Associations Between Perceptions of Peer Group Drinking Norms and Students' Alcohol Use Frequency Within College Sport Teams [J]. Alcoholism-Clinical and Experimental Research, 2020, Vol. 44 (2): 541-552.

[29] Kipke M D, Unger J B, O'Connor S, Palmer R F, LaFrance S R, Street Youth, Their Peer Group Affiliation and Differences According to Residential Status, Subsistence Patterns, and Use of Services [J]. Adolescence, 1997, Vol. 32 (127): 655-69.

[30] LeeSeungyoon, Foote Jeremy, Wittrock Zachary, Adolescents' Perception of Peer Groups: Psychological, Behavioral, and Relational Determinants [J]. Social Science Research, 2017, Vol. 65: 181-194.

[31] Liang Qiao, Yu Chengfu, ChenQuanfeng, Exposure to Community Violence, Affiliations With Risk-Taking Peer Groups, And Internet Gaming Disorder Among Chinese Adolescents: The Moderating Role of Parental Monitoring [J]. Frontiers in Psychology, 2019, Vol. 10: 1-10.

[32] McLaren Colin D. Newland Aubrey, Eys Mark, Peer-Initiated Motivational Climate and Group Cohesion in Youth Sport [J]. Journal of Applied Sport Psychology, 2017, Vol. 29 (1): 88-100.

[33] Nesi Jacqueline, Choukas–Bradley Sophia, Prinstein Mitchell J, Transformation of Adolescent Peer Relations in The Social Media Context: Part 2 -Application to Peer Group Processes and Future Directions for Research [J]. Clinical Child and Family Psychology Review, 2018, Vol. 21 (3): 295–319.

[34] Podsakoff P. M. MacK enzie S. B. Lee J. Y. & Podsakoff N. P. Common Method Biases in Behavioral Research: A Critical/Sreview of The Literature And Recommended Remedies [J]. Journal of Applied/S Psychology,

2003 (88): 879-903.

[35] Poldin Oleg, Valeeva Diliara, Yudkevich Maria, Which Peers Matter: How Social Ties Affect Peer-Group Effects [J]. Research in Higher Education, 2016, Vol. 57 (4): 448-468.

[36] Pronk Jeroen, Lee Nikki C. Sandhu Damanjit, Associations Between Dutch and Indian Adolescents' Bullying Role Behavior and Peer-Group Status: Cross-Culturally Testing an Evolutionary Hypothesis [J]. International Journal of Behavioral Development, 2017, Vol. 41 (6): 735-742.

[37] Rivas-Drake Deborah, Saleem Muniba, Schaefer David R. Intergroup Contact Attitudes Across Peer Internets in School: Selection, Influence, And Implications for Cross-Group Friendships [J]. Child Development, 2019, Vol. 90 (6): 1898-1916.

[38] Shim Hongjin, ShinEuikyung, Peer-Group Pressure as A Moderator of The Relationship Between Attitude Toward Cyberbullying and Cyberbullying Behaviors On Mobile Instant Messengers [J]. Telematics and Informatics, 2016, Vol. 33 (1): 17-24.

[39] Silva Karol, Chein Jason, Steinberg Laurence, Adolescents in Peer Groups Make More Prudent Decisions When a Slightly Older Adult Is Present [J]. Psychological Science, 2016, Vol. 27 (3): 322-330.

[40] Tomé Gina, de Matos Margarida Gaspar, Camacho Inês, Simões Celeste, Diniz José Alves, Portuguese Adolescents: The Importance of Parents And Peer Groups In Positive Health [J]. The Spanish Journal of Psychology, 2012, Vol. 15 (3): 1315-1324.

[41] Tomé Gina, Matos Margarida, Simões Celeste, Diniz José Alves, Camacho Inês, How Can Peer Group Influence the Behavior of Adolescents: Explanatory Model [J]. Global Journal of Health Science, 2012, Vol. 4 (2): 26-35.

[42] Vollet Justin W. Kindermann, Thomas A, Skinner Ellen A, In Peer Matters, Teachers Matter: Peer Group Influences on Students' Engagement Depend on Teacher Involvement [J]. Journal of Educational Psychology, 2017, Vol. 109 (5): 635-652.

[43] Wang Dawei, Zhu Liping, Maguire Phil, The Influence of Social Comparison and Peer Group Size on Risky Decision-Making [J]. Frontiers in Psychology, 2016, Vol. 7: 1-9.